Franz Christ

Mit Paulus auf dem Weg - Einübung in die christliche Existenz

Franz Christ

Mit Paulus auf dem Weg - Einübung in die christliche Existenz

Fromm Verlag

Impressum / Imprint
Bibliografische Information der Deutschen Nationalbibliothek: Die Deutsche Nationalbibliothek verzeichnet diese Publikation in der Deutschen Nationalbibliografie; detaillierte bibliografische Daten sind im Internet über http://dnb.d-nb.de abrufbar.

Bibliographic information published by the Deutsche Nationalbibliothek: The Deutsche Nationalbibliothek lists this publication in the Deutsche Nationalbibliografie; detailed bibliographic data are available in the Internet at http://dnb.d-nb.de.

Verlag / Publisher:
Fromm Verlag
ist ein Imprint der / is a trademark of
AV Akademikerverlag GmbH & Co. KG
Heinrich-Böcking-Str. 6-8, 66121 Saarbrücken, Deutschland / Germany
Email: info@frommverlag.de

Herstellung: siehe letzte Seite /
Printed at: see last page
ISBN: 978-3-8416-0235-0

Diese Einübung in die christliche Existenz vereinigt 21 Predigten, die im Basler Münster vom Januar 2007 bis Epiphanias 2008 gehalten wurden. Der Weg mit Paulus umfaßte die Strecke eines Jahres. Er begann mit dem Kalenderjahr und nicht mit dem Advent. Aber er wurde ins Kirchenjahr hineinverwoben. Passionszeit, Ostern, Pfingsten, Erntedank, Ewigkeitssonntag, Advent, Weihnachten und schließlich Epiphanias gaben der Auslegung der Texte je ihren eigenen Akzent. Dazwischen trat der Zeitpunkt im Jahreslauf wohl etwas zurück, verschwand aber nie gänzlich. Indem die Predigten hier überarbeitet zu einem Buch zusammengefasst werden, tilge ich die Spuren des Orts und der Zeit nicht. Was uns der Apostel Paulus zur christlichen Existenz zu sagen hat, spricht in den konkreten Augenblick und sprengt doch unsere räumliche und zeitliche Beschränkung. Einübung hat sodann etwas mit Rhythmus und Wiederholung zu tun. Wir kommen kaum so zielstrebig voran, wie wir uns das wünschen, sondern bewegen uns eher epizyklisch. Scheinbar stehenbleibend kreisen wir um die immer gleichen Fragen und werden doch vom Wort der Schrift stetig weitergebracht. Vom Weg ist hier nicht nur im Sinn der Strecke die Rede, die wir mit Paulus zurücklegen. Der Titel "Mit Paulus auf dem Weg" nimmt eine Stelle aus der Apostelgeschiche auf (9, 2), wo die Christen als die bezeichnet werden, die auf dem Wege sind.

Basel im Januar 2013

Inhalt

UMWEG ZUR FREUDE
Apostelgeschichte 7, 54 - 8, 8

Und sie trieben Stephanus aus der Stadt hinaus und steinigten ihn. Und die Zeugen hatten ihre Obergewänder zu Füßen eines jungen Mannes niedergelegt, der Saulus hieß. Und so steinigten sie Stephanus während er ausrief und sagte: Herr Jesus, nimm hin meinen Geist! Und in die Knie sinkend schrie er mit gewaltiger Stimme: Herr, laß ihnen diese Sünde nicht stehen! Das sprach er und verschied.
Saulus aber war mit seiner Ermordung einverstanden.
Und es geschah: An jenem Tag kam eine große Verfolgung über die Gemeinde in Jerusalem. Alle wurden über die Lande Judäas und Samariens hin versprengt - außer den Aposteln. Den Stephanus jedoch bestatteten ehrfürchtige Männer und hielten große Totenklage um ihn. Saulus aber suchte die Gemeinde auszumerzen, indem er in die Häuser eindrang, Männer wie Frauen herausschleifte und in den Kerker auslieferte.
Die Versprengten nun kamen überall hin, um das Wort der Heilsbotschaft zu verkünden. Philippus aber zog hinunter zur Stadt Samariens und verkündigte ihnen den Christus. Und die Scharen nahmen das von Philippus Gesagte einmütig ernst, da sie hörten und auf die Zeichen blickten, die er wirkte. Denn viele von denen, die unreine Geister hatten - mit gewaltigem Schrei fuhren sie aus. Viele Gelähmte und Krüppel wurden heil gemacht. Da entstand große Freude in jener Stadt.

Wir begeben uns auf einen biblischen Weg. Wir sind mit Paulus unterwegs. Es gibt kein überschaubares biblisches Buch "Paulus", dem wir einfach entlang gehen könnten. Das Neue Testament enthält den großen Reichtum von dreizehn zum Teil umfänglichen Briefen, die unter dem Namen des Paulus stehen. Die kleinere Hälfte von ihnen stammt wahrscheinlich von Paulus-Schülern und wurde nach gängigem Brauch seiner Autorität unterstellt. Aber sie gehören nicht weniger dazu als die Apostelgeschichte des Lukas, die neben dem Jünger Petrus vor allem von Paulus erzählt. Es gibt ein Riesenangebot an Literatur zu Paulus. Unser Weg ist dennoch ein anderer als der eines Buches über Paulus. Vielleicht läßt sich eine Predigtreihe mit dem vergleichen, was Felix Mendelssohn in seinem Oratorium "Paulus" komponiert hat. Wir werden jedesmal ein bestimmtes Wort herausgreifen und uns ihm überlassen.

Ich will ein Hörender bleiben und mich nicht *über* die Worte stellen, als ob ich sie von einem höheren Standort aus zu beurteilen hätte. So werden sich Worte aus den Paulusbriefen mit denen aus der Apostelgeschichte abwechseln. Wir predigen nicht Paulus. Er tritt vor uns als Zeuge Jesu Christi auf. Und Lukas mit seiner Apostelgeschichte läßt seinerseits den Paulus als Zeugen auftreten.

Den Weg mit Paulus nehmen wir unter die Füße, weil in seinen Worten und in denen, die von ihm erzählen, aufscheint, was eine christliche Existenz ist. Wir suchen die Schnittstellen der Botschaft mit dem Leben. Wir schauen dorthin, wo das Evangelium mit wichtigen Ereignissen eines so herausragenden Lebens zusammentrifft. Paulus ist nicht der erste Christ oder gar - wie gesagt wurde - der Stifter des Christentums. Wir spielen Jesus und Paulus nicht gegen einander aus. Paulus ist nichts anderes als der "Doulos Jesu Christou", der Sklave, der Knecht Jesu Christi, wie die ersten Worte an die Römer am Anfang der Paulusbriefe lauten. So versteht er sich selber. Um das nun auch zu hören und zu verstehen, machen wir uns auf den Weg.

Der Anfang besteht nun freilich darin, daß wir einen *Um*weg machen müssen. Am Anfang steht nicht die Berufung oder Taufe des Paulus. Wir begegnen ihm zum ersten Mal bei der Steinigung des Stephanus und als dem Christenverfolger. In diesem Zusammenhang tritt auch Philippus auf. In einem ersten Durchgang wenden wir uns Stephanus, Saulus und Philippus zu. In einem zweiten gehen wir dem Umweg zur Freude nach.

Stephanus

Die Apostelgeschichte redet von der Einmütigkeit der Urgemeinde in Jerusalem. Dennoch taucht plötzlich eine Spannung auf. Als die Zahl der Jesusjünger sich mehrte, entstand ein Murren der Hellenisten gegen die Hebräer, das heißt der griechisch redenden gegen die einheimischen. Beide Gruppen in der Gemeinde waren Juden. Die Hellenisten stammten jedoch aus der jüdischen Diaspora und hatten Griechisch zur Muttersprache, die Hebräer waren aramäisch sprechende Eingesessene. Die Witwen der Hellenisten kamen bei den gemeinsamen Mahlzeiten zu kurz. Darum wurden nun sieben Männer als Diakone eingesetzt; unter ihnen Stephanus und Philippus. "Diakonein" bedeutet: aufwarten, bedienen und helfen. Zum Beispiel am Tisch; aber nicht nur da. Stephanus beginnt sogleich Wunder und Zeichen zu tun und zu predigen.

Wir können gut nachvollziehen, was da in Jerusalem geschah. Als durch die Industrialisierung immer mehr Menschen aus der Schweiz nach Basel zogen, wuchs nicht nur der Anteil der Römisch-Katholiken, sondern es kam auch zu einem Murren unter den Protestanten. Der Richtungsstreit zwischen den sogenannt "Freisinnigen" und den "Positiven" war im Grunde (oder jedenfalls davon überlagert) der Konflikt zwischen Hellenisten und Hebräern, zwischen (eher freisinnigen) Zugezogenen und (eher pietistischen) eingesessenen Baslern. Und nun bekamen die Zugezogenen auch ihre Pfarrer. Diese Spannung spielt heute scheinbar keine große Rolle mehr. Sie hat sich aber nur verschoben. Jetzt stehen die Evangelikalen den Eingesessenen gegenüber.

Stephanus ist also auch ein Hellenist. Er gehörte zu den Juden, welche den Schritt in die Kultur der Heiden gemacht hatten. Jetzt gehört er zu den Jesusjüngern und klagt sein eigenes Volk an. So zieht er den Haß der Einheimischen auf sich. Sie werfen ihm vor, er sei gegen das Gesetz und den Tempel. Wahrscheinlich hat es auch in der christlichen Gemeinde Eingesessene, die ihm feind sind. So, wie Lukas die Steinigung des Stephanus erzählt, rückt er sie aber in die Nähe der Kreuzigung Jesu. Der Konflikt von Hebräern und Hellenisten scheint überwunden. Stephanus stirbt in der Jesusnachfolge. Er übergibt sein Leben dem Herrn und bittet um Vergebung für seine Mörder. Stephanus hat eine Grenze überschritten. Aber hier steht noch nicht der Umgang mit dem Gesetz im Vordergrund. Es ist die Grenze zwischen Leben und Tod. Stephanus ist bereit, für den Glauben an Jesus sein Leben hinzugeben.

Saulus

Saulus ist wie Stephanus und Philippus auch ein hellenistischer Jude. Er stammt aus einer jüdischen Familie im kleinasiatischen Tarsus und trägt den griechischen Namen Paulos. Paulos heißt klein. Daneben führt er den ähnlich klingenden hebräischen Namen Saul (der Erbetene?). Es ist der Name des ersten Königs von Israel. Obwohl er ganz in der griechischen Welt aufgewachsen ist, lebt seine Familie streng nach dem mosaischen Gesetz. Darum leuchtet es ihm ein, daß Jesusanhänger, die das Gesetz mißachten, verschwinden müssen. Unsere erste Begegnung mit Paulus zeigt uns, daß die christliche Existenz nicht ein bestimmtes Charaktermodell, nicht einen bestimmten Typus Mensch voraussetzt. Dieser Mensch kann auch ganz anders sein. Menschlich beurteilt kann Paulus mit größter Überzeugung die Gemeinde ebensogut zerstören wie später dann aufbauen. Er wehrt sich für das, was unbedingt gelten muß. Jetzt ist er gegen die Grenzüberschreitung. Darum konfrontiert ihn die Apostelgeschichte mit Stephanus und läßt uns ihm schon hier in Jerusalem begegnen: Er ist zurückgekommen zu seinen Wurzeln, um ein ganz treuer Jude zu sein.

Philippus

Philippus tritt weniger kämpferisch auf. Weder wird er selber zu einem Märtyrer, noch macht er andere dazu. Von ihm wird die schöne Geschichte erzählt, wie er ohne zu Zögern unterwegs den ersten Afrikaner, den äthiopischen Schatzmeister, auf dessen Bitte hin tauft. Hier sehen wir Philippus unter den Versprengten. Er gehört zu denen, die aus Jerusalem fliehen müssen. Die Verfolgung ist wie der Sturm, der die Samen übers Land trägt und weit herum zerstreut. Und der Same fällt auf fruchtbares Land, geht auf und gedeiht. Es ist die Kraft des auferstandenen Christus, die Philippus bezeugt. Der Geist Christi vertreibt die bösen Geister.

Vom Zuschauen zur Beteiligung

Noch einmal kehre ich in die Geschichte ein. Der Umweg läßt sich nicht abkürzen. Wir begegnen Saulus zuerst an der Stelle, wo die Apostelgeschichte sagt, die *Zeugen* hätten ihre Oberkleider zu seinen Füßen niedergelegt. Es sind die falschen Zeugen die den Märtyrer, den Blutzeugen, verleumdet haben. Unser Zeuge befindet sich zuerst also nur in einer Zuschauerrolle. Saulus schaut zu, wie andere den Wehrlosen steinigen. Zuschauen ist doppeldeutig. Wir können es rein passiv verstehen. Er tut selber nichts. Zuschauen bedeutet aber auch gewährenlassen. Hier ist mehr als heimliche Billigung dabei. *Saulus war mit seiner Ermordung einverstanden.*

Wir leben in einer Welt, in der sich fast niemand der Macht der Bilder entziehen kann. Wer es nur will, wird zu einem Zeugen einer schändlichen Hinrichtung. Wir sehen weltweit alle Begehrlichkeiten, alle Not und alle Verbrechen. Das Bild macht uns zum Komplizen. Und dann sind die weiteren Wege kurz. *Und es geschah* - so heißt es bedeutungsvoll. Die Verfolgung kommt über die Gemeinde. Und schon ist Saulus aktiv dabei. Kurz ist der Weg vom Zuschauen zur Beteiligung. Noch bevor ich an Paulus lernen kann, was ein Christenmensch ist, lerne ich seinen dunkeln Schatten kennen. Er ist im Stande, andere Menschen zu vernichten.

Ausmerzen und Überliefern

Es ist entscheidend, daß wir diesen Umweg machen und an dieser schmerzlichen Stelle vorbeikommen. Indem wir dem Zeugen Paulus begegnen, betreiben wir keine Heiligenverehrung. Vielleicht gehen uns eigene Irrwege auf. Mit wenigen Strichen sind hier die unterschiedlichen Haltungen gezeichnet: die Ehrfurcht der Leute, die den Toten bestatten und der blinde Eifer, in welchem einer sich vergreift. Der Wunsch das zu zerstören, was einem bedrohlich scheint, ist zwar verständlich. Die größten politischen Auseinandersetzungen unserer Tage funktionieren in dieser Weise. Aber doch ohne Erfolg. Die Versprengung der Christen aus der Stadt aufs Land Judäas und Samariens ist das Beispiel dafür, wie die Verfolgung ihr Ziel verfehlen muß. Ebenso sind bis jetzt auch alle atheistischen Versuche gescheitert, den Glauben auszumerzen.

Es steht noch ein weiteres Wort da, welches das Tun des Saulus kennzeichnet. Er liefert Männer und Frauen aus. Es ist dasselbe Wort "überliefern", das besonders in den Evangelien, aber auch in den Briefen des Paulus eine große Bedeutung hat. Des Menschen Sohn wird überliefert in die Hände der Menschen. Jesus wird denen überliefert, die ihn töten. So sagt er es voraus. So bietet dann Judas dazu Hand. In jedem Abendmahl erinnern wir uns an die Nacht, in der Jesus überliefert ward. Das Wort bekommt dadurch noch einen andern Sinn: Es kommt zur Überlieferung, zur Tradition bis auf unsern Tag. Die Verfolgten, diese Menschen unter Druck, sind nicht nur in ihr Gefängnis, sondern in die Überlieferung der Kirche eingeschlossen. Sie werden nicht vergessen.

Ernstnehmen und große Freude

Der Umweg mit Saulus ist noch nicht zuende. Aber er führt uns schon an einen überraschenden Ort. Versprengt heißt, daß es zur ersten christlichen Diaspora kommt. Die Christen finden sich in der Versprengung oder Zerstreuung. Dadurch kommt das Wort überall hin. Das wird hier ganz ohne Wehleidigkeit festgestellt: "Euangelizomenoi ton logon" - die Versprengten evangelisierten das Wort. Sie sind eine Minderheit, umgeben von solchen, die nicht zu einer christlichen Gemeinde gehören. Aber sie geben das, was sie gehört haben, weiter. An Philippus ist zu erkennen, daß zu dem, was er sagt, die Zeichen kommen, die er tut. Beides zusammen bewirkt, daß viele es ernstnehmen. Wenn wir mit dem Wort des Evangeliums und heilend andern Menschen helfen, wird es heute genauso ernstgenommen.

Und es entsteht große Freude in der Stadt. Dieser Satz am Schluß unseres Umwegs bleibt eine Verheißung und ein Geschenk. Wir können die Freude nicht inszenieren. Sie stellt sich auch bei uns wohl öfter nur nach schmerzlichen Umwegen ein. Und es ist nicht gesagt, daß Philippus selber Freude empfindet. Vielleicht steckt ihm die Angst des Versprengten noch in den Knochen. Aber andere freuen sich, weil sie unerwartet davon berührt worden sind, daß sie einen Heiland haben und Gott mit ihnen ist.

DER WEG ZU JESUS
Apostelgeschichte 9, 1-19

Saulus aber, immer noch voll Droh- und Mordgeschnaube gegen die Jünger des Herrn, trat an den Hohenpriester heran. Er erbat von ihm Briefe nach Damaskus an die Synagogen, damit er, wenn er welche fände, die den Weg befolgen – Männer wie Frauen – sie gefesselt nach Jerusalem brächte. Während er dahinging, geschah es: Er näherte sich Damaskus und plötzlich umstrahlte ihn Licht aus dem Himmel. Er stürzte zu Boden und hörte eine Stimme, die zu ihm sagte: Saul, Saul! Was verfolgst du mich? Er aber sprach: Wer bist du, Herr? Darauf er: Ich bin Jesus, den du verfolgst. Doch steh auf und geh in die Stadt hinein. Und es wird dir gesagt werden, was du tun mußt. Die Männer aber, die seine Weggenossen waren, standen da – sprachlos – da sie zwar die Stimme hörten, aber niemand schauten. Saulus richtete sich auf von der Erde; geöffnet waren seine Augen, doch er sah nichts. An der Hand führend brachten sie ihn nach Damaskus hinein. Und er war drei Tage ohne etwas zu sehen. Und er aß nicht und trank nicht.

Es war ein Jünger in Damaskus namens Hananías. Und zu ihm sprach der Herr in einem Gesicht: Hananias! Er sprach: Da bin ich, Herr! Der Herr zu ihm: Steh auf, geh in die „Gerade Straße", wie sie genannt wird, und suche im Haus des Juda nach einem namens Saulus aus Tarsus. Denn da – er betet! Und er hat in einem Gesicht einen Mann gesehen namens Hananias. Der kam herein und legte ihm die Hände auf – damit er wieder sehe. Hananias aber antwortete: Herr, von vielen habe ich über diesen Mann gehört, wieviel Übles er deinen Heiligen in Jerusalem getan. Auch hier hat er Vollmacht von den Hohenpriestern, alle zu fesseln, die deinen Namen anrufen. Doch der Herr sprach zu ihm: Geh! Denn ein auserwähltes Gefäß ist mir dieser: meinen Namen vor Völker, Könige und Israels Söhne zu tragen. Ich selber nämlich will ihm zeigen, wieviel er leiden muß für meinen Namen. Hananias aber ging weg und ging in das Haus hinein und sprach, die Hände auf ihn legend: Saul, Bruder! Der Herr hat mich gesandt: Jesus, der dir erschien auf dem Weg, den du kamst – damit du wieder sehest und erfüllt werdest mit heiligem Geist. Und gleich fiel es ihm von den Augen wie Schuppen und er wurde wieder sehend. Und er stand auf und ließ sich taufen. Und er nahm Speise zu sich und kam zu Kraft.

Wir predigen Jesus Christus und nicht Paulus. Aber an Paulus kann ich erkennen, was christliche Existenz ist, was einer ist, der an Jesus glaubt. Dafür steht am Anfang dieses Textes das kleine Wörtlein "Weg". Saulus, wie er hier noch mit seinem jüdischen Namen genannt wird, will in Damaskus Männer und Frauen, die zum "Weg" gehören, aufspüren, gefangennehmen und nach Jerusalem bringen. Nach Jerusalem - ich verstehe das nicht nur geographisch. Sie sollen zurückgebracht werden zum Tempel und zur Beobachtung des heiligen Gesetzes. Der Weg der Christen ist ein neuer Weg; eine neue Glaubensrichtung; eine neue Lehre. Und Paulus will auf dem bewährten, alten bleiben. In geordneten Bahnen. Das will er freilich mit ganzer Leidenschaft. Denn der Weg der Christen ist in seinen Augen gefährlich. In seiner bedrohlichen Leidenschaft begibt er sich auf den Weg nach Damaskus. Er wird dort ankommen. Aber das Ziel wird ganz anders sein, als er sich das vorgestellt hat. Am Ende befindet er sich auf eben dem Weg, den er bekämpft hat: bei Jesus.

Keine Methode

Das Wort für den Weg ist im Griechischen die "Hodós". Davon kommt die "Méthodos", unser Begriff der Methode. Muß ich aus dem Weg des Paulus eine Methode machen, das heißt, daraus ableiten, wie man es machen muß, ein Christenmensch zu werden? Es gibt eine Tendenz, unsern Text aus der Apostelgeschichte so zu verstehen: Du mußt dich zuerst von deinem falschen, sündigen Weg bekehren. Und dann wirst du mit dem Heiligen Geist erfüllt und daraufhin läßt du dich taufen.

Gegen eine solche Methodisierung des Weges in dieser Geschichte erhebt sich ein Widerstand, der nicht weniger problematisch ist. Es ist der Versuch, die ganze Sache psychologisch zu erklären: Saulus sei ein religiöser Mensch mit einem Zug ins Fanatische. Bei so extremen Positionen komme es auch zu extremen Brüchen. Er bleibe sich aber imgrunde gleich. Er wechsle nur die Richtung und das Lager. Von einem gemäßigten Standpunkt aus wird Paulus argwöhnisch beobachtet, er bewege sich nur von einem Extrem ins andere. Normal seien allenfalls Entwicklungen. Man mißt am Maßstab der Vernunft, ob solche Lebensentscheidungen verantwortungsbewußt vollzogen werden.

Ich skizziere diese beiden Richtungen des Verstehens, in denen das Bibelwort schnell beurteilt und auch benutzt wird, weil sie sehr verbreitet sind. Ich halte sie aber für falsch. Der Weg, den Paulus geht und den er geführt wird, ist ein anderer.

Irrweg

Der Weg ist zunächst ein Irrweg. So kann man es freilich nur von der radikalen Veränderung her sagen, die mitten auf dem Wege eintritt. Was Paulus unternimmt, ist in sich stimmig. Wir hören nichts von einem selbstbezogenen und zügellosen Leben, in dem einer sich mit blinder Leidenschaft austobt, dann irgendwie in einer Krise gerät und an die Grenzen stößt. Und dann erwacht er aus seinem Rausch und kommt zur Besinnung. Paulus kämpft durchaus kontrolliert für die Ordnung. Er wirft den Jüngern Jesu nicht vor, daß sie in Jesus den Messias sahen. Messiasanwärter gab es immer wieder und Messiaserwartungen wurden auf verschiedene Menschen übertragen, etwa so wie heute auf den Dalai Lama. Man hat den Christen kaum ihre Hoffnung zum Vorwurf gemacht. Paulus verfolgt sie, weil sie sich in seinen Augen wie ihr Meister über das mosaische Gesetz hinwegsetzen. Sie sind Zerstörer der Verheißung und des Gebotes, das Gott seinem Volk gegeben hat. Heute würde man sagen: Sie zerstören die Wertegemeinschaft. Sie stellen Jesus als Herrn über die Tora, über den Sabbat und über den Tempel. Paulus kämpft für Gott und sein Volk. Er schnaubt gegen die Jünger *des Herrn.* Er kann es nur als Gotteslästerung verstehen, wenn einer glaubt, in Jesus sei mehr Kraft von Gott als in der ganzen religiösen Ordnung. Es verhält sich also im Tiefsten so, wie er es zu hören bekommen wird: Er verfolgt Jesus. Seine ganze Energie richtet sich gegen diesen Herrn.

Ist dieser Weg des Paulus so abwegig? Unsere Zeit läuft in mancher Hinsicht in dieselbe Richtung. Sie reibt sich auch daran, daß Jesus der Herr sein soll. Nicht im Sinne der Torafrömmigkeit. Nur allzu schnell wird heute der Eifer des Paulus als Irrweg abgetan. Aber im Namen anderer Autoritäten, im Namen der Vernunft und des wirtschaftlichen Erfolges und der Macht des Geldes und dem, was jetzt gerade als politisch korrekt gilt. Im Namen des Menschen, der sein eigener Herr sein will, wird nicht weniger hart bestritten, daß Jesus der Herr ist.

Paulus versteht sich selber so, daß er einen Irrweg bekämpft. Er sieht nicht, daß er sich auf einem befindet. Dafür ist er blind. Die Apostelgeschichte streicht es deutlich heraus, daß der scheinbar scharfsichtige Toragelehrte blind ist. Der vom Licht Christi Geblendete wird der wirklich Sehende. Das aber ist das Wunder einer Heilung und nicht eine langsam gewonnene Einsicht.

Die Entscheidung ist gefallen

Es geschieht plötzlich. Nichts in Paulus hat still darauf hingearbeitet. Er gelangt auch nicht wie der Buddha aus der Versenkung zur Erleuchtung. Die Geschichte ist hier knapp und schnell. *Er näherte sich Damaskus und plötzlich umblitzte ihn Licht aus dem Himmel. Er stürzte zu Boden und hörte eine Stimme, die zu ihm sagte: Saul, Saul! Was verfolgst du mich?* Es ist ein Blitz aus heiterm Himmel, der ihn trifft und nun den eingeschlagenen Weg jäh abbricht. So wie Lukas in seiner Apostelgeschichte erzählt, sieht Paulus den Herrn nicht. Er hört nur seine Stimme. Die Frage *Wer bist du, Herr?* zielt genau in den strittigen Punkt. Er zweifelt nicht an der göttlichen Vollmacht dieser Stimme. Paulus fragt aber wie Mose vor dem brennenden Dornbusch, welches denn der Name des Redenden ist. Und dann bleibt er ein Hörender, nicht anders als Mose oder die Propheten. Er wird also nach diesem Wort von Jesus berufen: *Steh auf und geh in die Stadt hinein.* Das ist aber nicht gesagt wie zu Jona, er solle der bösen Stadt Umkehr predigen. Sondern in der Stadt ist eine Gemeinde. Und dort wird er erfahren, was er zu tun hat.

Es ist stark betont, daß Paulus nach der Überwältigung durch das Licht jetzt nichts mehr sieht, aber klar hört. Diese Darstellung rückt das Ereignis näher zu uns heran. So wie die Weggenossen des Paulus auch nichts sehen und nur hören, so sind wir dran. Der Schall dieses *Ich bin Jesus, hinter dem du herjagst* dringt bis hin zu uns.

Paulus steht nicht vor einer Wahl. Er muß nicht abwägen und evaluieren und sich dann entscheiden. Wenn es das wäre, wäre es noch nicht das Kommen des Glaubens. Es wäre noch nicht der Christus Gottes. Es wäre nicht das Aufgehen des göttlichen Lichtes. Paulus hat keine Wahl. Die Entscheidung ist über ihn schon getroffen. Er muß. Und es ist doch eine Befreiung.

Die Entscheidung ist gefallen. Das kommt in seinem Sturz zum Ausdruck. Die von *ihm* entschiedene Bewegung wird jäh unterbrochen und fällt dahin. Er fällt mitsamt seiner Entscheidung zu Boden. Aber gnädig ist über ihn die göttliche Entscheidung gefallen.

Der Weg zum Ziel

Jesus hat sich ihm in den Weg gestellt. Damit endet der Irrweg. Aber der Weg bricht nicht ab. In einer Umkehrgeschichte würden wir vielleicht erwarten, daß es jetzt "Rechtsumkehrt" heißt und er zurück an seinen Ausgangspunkt muß, um dort neu anzufangen. Aber wie Bileam, der aufbrach, um Israel zu verfluchen, verblendet seinen Esel schlug, weil er den Engel nicht sah, der sich ihm in den Weg stellte, wie Bileam diesen Weg fortsetzen mußte, um Israel zu segnen, - so muß Paulus auch den Weg nach Damaskus fortsetzen. Das ist das Ziel, wo er anders ankommen muß, als er aufgebrochen ist und es sich vorgenommen hat.

Äußerlich bleibt der Weg derselbe. Wir heutige Weggenossen haben die Stimme vielleicht doch nicht verstanden oder meinen, diejenigen, die sie uns weitergesagt haben, hätten sich getäuscht. Was ist mit Paulus geschehen? Was ist mit dir? Bist du krank? Hast du einen Schlag gehabt oder einen epileptischen Anfall? Von außen betrachtet ist ihm nur etwas Menschliches zugestoßen. Und insofern kann sein Weg nur einfach seinen Fortgang nehmen. Aber nach der Apostelgeschichte wird Paulus noch zweimal davon reden und sagen: Es war der Herr.

Auserwähltes Gefäß

Schon Hananias, in dem uns die christliche Gemeinde von Damaskus begegnet, hat Mühe, daran zu glauben, daß ein Mensch ein ganz anderer werden kann. *Von vielen habe ich gehört, daß dieser Mann ...* Das ist uns eine gängige Denkfigur. Hananias begegnet derselben göttlichen Entschiedenheit: *Geh! Denn ein auserwähltes Gefäß ist mir dieser.* Zur Berufung des Paulus und insofern eines jeden Christenmenschen gehört dazu, daß er ein Gefäß geworden ist. Nicht alle Gefäße werden von Gott gleich gefüllt. Das Besondere, das in das Gefäß des Paulus hineingelegt wird, ist die Botschaft des Evangeliums für alle Völker: Er wird den Namen Jesu vor Völker und Könige, aber auch vor seine jüdischen Geschwister tragen. Darum wird die Berufung des Paulus in der Apostelgeschichte drei Mal erzählt, weil sie der Meilenstein auf dem Weg des Evangeliums zu den Völkern ist. Und sein Gefäß muß es fassen, daß er für den Namen Jesu leiden wird.

Sein Gefäß empfängt aber auch, was die andern Christen vor ihm schon bekommen haben und noch empfangen dürfen, nämlich den Heiligen Geist und Heilung. Paulus ist nicht das Genie, das als Einzelkämpfer nur eigene Wege geht. Er tritt uns hier entgegen als das Beispiel eines Menschen, der in der Gemeinde seinen Glaubensweg beginnt. Die Taufe besiegelt auch bei ihm, daß Jesus sein Herr ist, dem er im Leben und Sterben angehört. Und er darf essen. Es ist unmöglich, jetzt nicht an das Mahl zu denken, das der Herr eingesetzt hat und das die Gemeinde feiert. Es ist auch unsere Wegzehrung, daß wir zu Kräften kommen.

AUSGESONDERT
Galater 1, 11-24

Ich tue euch aber kund, liebe Brüder, daß das Evangelium, das ich als Heilsbotschaft verkündet habe, nicht von Menschenart ist. Denn ich habe es auch nicht von einem Menschen empfangen und bin es nicht gelehrt worden, sondern durch eine Offenbarung Jesu Christi.
Ihr habt doch von meinem einstigen Lebenswandel im Judentum gehört: daß ich über die Maßen die Gemeinde Gottes verfolgte und sie zerstörte und im Judentum viele Altersgenossen in meinem Volk überflügelte und darüber hinaus ein noch größerer Eiferer war für meiner Väter Überlieferungen.
Als es aber Gott wohlgefiel, der mich ausgesondert vom Mutterleib an und berufen hat durch seine Gnade, seinen Sohn in mir zu offenbaren, damit ich ihn durchs Evangelium unter den Völkern verkündige, - da ging ich sogleich nicht mit Fleisch und Blut zu Rate. Auch ging ich nicht hinauf nach Jerusalem zu denen, die vor mir Apostel waren, sondern ich ging weg nach Arabien und kehrte dann wieder nach Damaskus zurück.
Drei Jahre danach ging ich hinauf nach Jerusalem, um Kephas kennenzulernen, und ich verweilte bei ihm fünfzehn Tage. Einen andern von den Aposteln aber sah ich nicht, außer Jakobus, den Bruder des Herrn. Was ich euch hier schreibe - siehe, Gott weiß, daß ich nicht lüge.
Darauf ging ich in die Gebiete von Syrien und Zilizien. Ich war aber den Gemeinden von Judäa, die in Christus sind, von Angesicht unbekannt. Sie hörten nur: Der uns einstmals verfolgte, verkündigt jetzt als Evangelium den Glauben, den er einst zerstörte. Und sie verherrlichten Gott um meinetwillen.

Nachdem wir aus der Apostelgeschichte in einem ersten Schritt vom Umweg des Paulus gehört haben und in einem zweiten von seinem Weg zu Jesus, vernehmen wir jetzt seine eigene Stimme. Noch einmal erfahren wir davon, wie er die christliche Gemeinde verfolgte und wie er berufen wurde. Doch wenn wir genauer zusehen, werden wir über das "Wie" seiner Berufung doch nicht klüger. Die Hauptsache, um die es Paulus geht, ist etwas anderes. Es ist nur dies Eine: Gottes Sohn Jesus Christus durchs Evangelium unter den Völkern zu verkündigen. Seine Stimme trägt durch den Brief, den er der Gemeinde in Galatien schickte, auch zu uns jetzt dieses Eine: daß

Gott in Jesus für uns alle sein Wort der Gnade und Liebe gesprochen hat, ohne zuerst darauf zu warten, ob wir seinen Willen erfüllen und auch dafür bereit sind, die Nähe des heiligen Gottes zuzulassen und zu ertragen.

Umstrittene Botschaft

Dennoch schiebt sich jetzt in den Vordergrund, daß das Evangelium zwischen Paulus und den angesprochenen Brüdern umstritten ist. Diese christlichen Brüder sind der Überzeugung, daß niemand zur Gemeinde Jesu Christi gehören kann, der nicht durch die Beschneidung ins erwählte Gottesvolk eingegliedert wird. Alle müssen das Gesetz erfüllen, wie es durch Mose gegeben ist und wie es seither in der mündlichen Überlieferung, in der Halacha, ausgelegt wurde. Die Brüder werfen Paulus vor, daß er die Grundpfeiler der Religion einfach weglasse und es den Leuten zu leicht mache mit seiner Botschaft von der Gnade und Rechtfertigung allein aus dem Glauben an Jesus. Heute sagen die Brüder und Schwestern: Du bist einseitig, ja du erhebst einen Absolutheitsanspruch und bist intolerant. Christsein hieße die gemeinsame Grundhaltung aller echten, wirklich humanen Religion anzunehmen.

Schlagen wir uns nicht zu schnell auf die Seite des Paulus! Wir sind geprägt von dieser Haltung eines maßvollen Gottvertrauens und einer Art von Gläubigkeit, der alle Extreme verhaßt sind. Paulus aber steht unter dem Verdacht, daß sein Eifer für das, was er sein Evangelium nennt, genau so extrem und unnatürlich ist, wie es vorher sein Eifer für die jüdische Überlieferung war. Die milde Mischung von Urvertrauen und natürlicher Moral ist heute der unausgesprochene Maßstab, an dem auch Paulus gemessen wird. Machen wir uns keine Illusionen: Paulus stößt auch in der Christenheit von heute auf Widerstand. Daß Jesus das Wort ist, das Gott zu allen Menschen gesprochen hat am Gesetz vorbei, das wird Paulus als Übertreibung vorgehalten. Paulus, du hast da etwas verkürzt, was du von den Aposteln doch ganz anders hättest lernen können.

Einer gegen alle

Paulus antwortet: "Ich bin überhaupt nicht von den andern Aposteln über das Evangelium belehrt worden. Ich war ein Schüler der väterlichen Überlieferung. Ich habe das Gesetz gelernt. Die Heilsbotschaft, die ich verkündet habe, ist nicht von Menschenart. Ich habe es auch nicht von einem Menschen empfangen, sondern durch eine Offenbarung Jesu Christi. Jesus ist mir von Gott enthüllt worden. Vorher war ich dafür blind." Wir möchten nachfragen, wie das denn zugegangen sei. Aber Paulus versagt uns einen weiteren Einblick. Er legt das Gewicht einzig darauf, daß Gott ihm Jesus als den Christus enthüllt hat. Gleichbedeutend ist es, wenn er sagt: Gott hat seinen Sohn offenbart. Und beides heißt, daß Gott in Jesus zu allen Menschen spricht, sich in Jesus ihnen allen schenkt und daß er in Jesus ganz offenbar ist. Gott sagt in Jesus nicht ein Wörtlein neben vielen andern und gibt nicht nur ein Stücklein von sich preis, hinter dem das wahre Wesen Gottes rätselhaft verborgen bliebe. Das Wort, das er dem Paulus offenbart, ist Gott ganz und ist Gott selber.

Luther hat in seinem Galaterkommentar treffend festgestellt, daß Paulus hier keine zusammenhängende Geschichte bringe. "Darum bemühe ich mich nicht und mache mir keinen Kummer daraus, sie ins reine zu bringen; sondern ich achte nur darauf, was des Paulus Absicht sei und worauf er hinaus wolle" (Luthers Galaterbrief-Auslegung von 1531, Studienausgabe, hg. v. H. Kleinknecht, 2. Aufl., Göttingen 1987, 53. WA 40, I, 126.) Die Absicht des Paulus ist, mit dem Evangelium allen zu sagen, daß Gott sich ganz schenkt. Aber auch wenn diese Absicht nun einigermaßen hervorgetreten ist, kann sie sogleich wieder durch eine berechtigte Forderung, die unsern Lebenswandel in Frage stellt, zugedeckt werden. Dann ist der Trost des Evangeliums wie weggeblasen.

Und Paulus steht einsam da. Es ist nichts Geringes, wie da die ganze Autorität der Kirche und der Tradition gegen ihn aufsteht. Du Einzelner bist doch sicher nicht weiser als so viele! Es ist doch nicht möglich, daß einer die Wahrheit spricht und die andern irren alle. Luther hat sich selber in genau dieser Lage befunden und sagt hier über diesem Bibeltext: "Die Kirche irrt, wenn sie etwas lehrt, was außerhalb des Wortes Gottes liegt oder gegen das Wort Gottes steht" (56 bzw. 132).

Gebrochene Biographie

Einer gegen alle. So stellt sich Paulus denen entgegen, die ihm den Rang eines Apostels Jesu bestreiten. In diesem Zusammenhang redet er über ein Stück seiner Lebensgeschichte. Paulus hat menschlich betrachtet eine gebrochene Biographie. Die unsere ist vielleicht bruchlos verlaufen, und eins hat sich aus dem andern entwickelt. Wenn wir selber auch Brüche erlebt haben, wirkten sie sich nicht unbedingt befreiend aus. Ich vermute, daß der Einbruch in den glatten Verlauf der Lebensbewegung meistens vor die Forderung des Gebotes führt. Entweder indem ich mich über etwas hinwegsetze, woran ich mich vorher unbedingt gehalten habe. Es wird über Bord geworfen, was vorher hoch und heilig beschworen worden war. Oder indem ich an eine Grenze stoße, die ich vorher gar nicht beachtet habe. Plötzlich wird das Leben mit ganzem Ernst von einer Forderung beansprucht und in Pflicht genommen. Ob ein Joch abschüttelnd oder mit neuem Ernst eins auf sich nehmend - ich möchte erreichen, was ich als das gute Ziel erkannt habe.

Wenn eine Krankheit oder der Tod in ein Leben hereinbrechen, ist auch die Frage nach dem Gesetz indirekt immer noch im Spiel. Was habe ich falsch gemacht, daß mir dieses Unglück zustößt? Und wenn ich mich gegen das harte Schicksal auflehne und Gerechtigkeit fordere, bin ich immer noch im Horizont des Gebotes, das ich einklage. Die gebrochene Biographie ist ein Kampf um das Lebensrecht.

Im Vergleichen mit der eigenen Biographie kommen wir den Dingen nahe, die wir selber auch tun oder erleiden. Verstehen wir im Nachdenken über gebrochene Lebenslinien, was mit Paulus geschehen ist? Was er an eigener Lebensgeschichte durchblicken läßt, unterstreicht nur die völlige Andersartigkeit dessen, was in sein Leben hereingebrochen ist. Indem er sein altes Leben schildert, zeigt er, daß er das Gebot besser kennt als seine Kritiker. Indem er so ausführlich erzählt, wie lange er mit dem Besuch bei Petrus gewartet und daß er nur noch Jakobus, Jesu Bruder, gesehen habe, zeigt er seine Unabhängigkeit. Wenn er den Christenglauben von den andern in Jerusalem gelernt hätte, würde er mit seiner Vergangenheit doch am meisten auf die jüdische Überlieferung pochen. Er würde verlangen: Wer an Jesus glauben will, muß ein gesetzestreuer Jude werden.

Nein, der Bruch im Leben des Paulus war ein anderer. Vom Leben davor sagt er, was er alles getan hat: verfolgen, zerstören, überflügeln, eifern. Danach kommt das Verkündigen, das Weggehen nach Arabien, dann erst das kurze Kennenlernen in Jerusalem und wieder das Hinausgehen, um zu verkündigen. Dazwischen steht: - und da schmilzt die eigne Tätigkeit dahin: Ich habe empfangen. Ich habe das Evangelium durch eine Offenbarung Jesu Christi empfangen. Allein dieses Empfangen ist der Bruch in der Biographie des Paulus.

Gottes Sohn in mir

Ist es ein Bruch? Indem Paulus weiterredet, sagt er, daß es von Gott her längst seine Bestimmung war. *Als es aber Gott wohlgefiel, der mich ausgesondert vom Mutterleib an und berufen hat durch seine Gnade, seinen Sohn in mir zu offenbaren...* Es war vom Anfang seiner Existenz an seine Berufung, diese Offenbarung zu empfangen. Nachdem Paulus vom Empfangen geredet hat, wendet er seine Worte jetzt ein wenig anders: Es gefiel Gott, seinen Sohn *in ihm* zu offenbaren. Denkt Paulus daran, wie eine Frau empfängt und das Kind im Mutterleibe wächst? Ebenso wunderbar ist plötzlich die Erkenntnis Jesu in ihn hineingelegt. Ist es das? Vielleicht denkt Paulus an diesen Zusammenhang. Gott hat seinen Sohn in ihm offenbart und Christus begann in ihm zu leben. Es war eine neue Geburt. Und so entsteht der Glaube auch in uns aus der Empfängnis durch das Wort.

Paulus greift weit zurück hinter seine leibliche Geburt. Lange bevor er seine Wege ging und ein Pharisäer wurde, hatte ihn Gott schon ausgesondert. Der Name "Pharisäer" bedeutet wahrscheinlich "der Abgesonderte". Der Pharisäer trennt sich von der unreinen Welt und müht sich in seiner Separation darum, als einer zu leben, der den Willen Gottes erfüllt. Doch lange bevor Paulus das tat, hatte Gott ihn schon für den ganz anderen Weg erwählt.

Die Erwählung ist nicht zu verwechseln mit dem, was wir als Erbe mit uns tragen. Ein amerikanischer Mediziner mag (wie gestern in Basel geschehen) Religiosität oder Spiritualität in menschlichen Genen aufspüren und reißerisch das Gottes-Gen nennen. Er findet damit immer nur die leibliche Entsprechung zu dem, was eine Seele hat. Jesus, Gottes Wort der Versöhnung und des Lebens, Gottes Wort der Liebe ist nicht von Menschenart und nicht vererbt. Wie dem Paulus das Evangelium nicht von Menschen offenbart wurde, so ist das Wort zu uns wohl durch den Mund von Menschen gekommen und kommt noch weiterhin. Aber es kommt von außen, immer als ein äußeres Wort, das in seiner schwachen menschlichen Gestalt nicht verbirgt, daß es göttliche Enthüllung ist. Und dann offenbart Gott das Evangelium Jesu Christi inwendig durch den Geist.

CHRISTUS GEWINNEN
Philipper 3, 1b-14

Mich zu wiederholen in dem, was ich euch schreibe, wird mir nicht zur Last, euch aber macht es sicher. Paßt auf: die Hunde! Paßt auf: die schlechten Werkhelden! Paßt auf: die ***Zer****schneidung! Denn wir sind die* ***Be****schneidung, die wir durch den Geist Gottes fromm sind(Gottesdienst halten) und uns in Jesus Christus rühmen und nicht auf Fleisch vertrauen*
- obwohl ***ich*** *das auch habe, worauf ich fleischlich vertrauen könnte. Wenn ein anderer meint, auf Fleisch vertrauen zu können, so könnte ich es noch viel mehr: Beschneidung am achten Tag! aus dem Volk Israel! aus dem Stamm Benjamin! Hebräer von Hebräern! was das Gesetz betrifft: Pharisäer! was den Eifer betrifft: die Kirche jagend! was die Gerechtigkeit im Horizont des Gesetzes betrifft: untadelig!*
Aber was mir Gewinn war, das sah ich um des Christus willen an als Verlust. Ja wirklich, alles sehe ich als Verlust an wegen der überragenden Erkenntnis des Christus Jesus, meines Herrn, durch den mir das alles zum Verlust geworden ist, und halte es für Dreck, um Christus zu gewinnen und in ihm (von Gott) gefunden zu werden - nicht als der, der ich ***meine*** *Gerechtigkeit aus dem Gesetz habe, sondern die durch Glauben, die Gerechtigkeit* ***aus Gott*** *aufgrund des Glaubens - ihn zu erkennen und die Kraft seiner Auferstehung und die Teilhabe an seinen Leiden, seinem Tode gleichgestaltet zu werden, ob ich so zur Auferstehung der Toten gelangen möchte.*
Nicht daß ich (den Preis) schon ergriffen hätte oder schon am Ziel wäre, ich jage aber dahin, ob ich ergreifen möchte, weil ich ja von Christus Jesus ergriffen worden bin. Brüder, ich denke von mir selber nicht, ich hätte schon ergriffen. Eins aber doch: Vergessend, was hinter mir ist, ausgestreckt nach dem, was vor mir ist, jage ich aufs Ziel gerichtet nach dem Kampfpreis, nämlich der droben (in Kraft stehenden) Berufung Gottes in Christus Jesus.

Die Lebensrechnung, von der Paulus spricht, präsentiert sich anders, als wir zu rechnen gewohnt sind. Wir sammeln möglichst viele positive Posten: Begabungen, Leistungen, Verantwortungsbewußtsein, Anständigkeit, Wissen, Kompentenz, Ansehen, Erfolg, Einfluß. Wir messen zwar nicht wie ein frommer Jude an der Tora. Rituelle Gesetze kennen wir nicht. Aber das moralische gilt uns nicht weniger.

Paulus hingegen, an dem wir erkennen, was ein christliches Leben ist, sieht alles, was wir als Vorzug eines rechten Lebens vorweisen, auf der Verlustseite. Es geht nur noch um Eines: Christus zu gewinnen. Wer die Rechnung prüft, soll den Paulus und seine Aktivposten in Christus finden. Nur dort. Letzlich ist es Gott, der die Rechnung beurteilt. Er wird ihn als einen finden, der in Christus sein Leben hat.

Paßt auf!

Paulus wiederholt sich. Der Abschnitt aus dem Philipperbrief enthält die zentrale Botschaft, die der Apostel immer wieder ausgerichtet hat. Den Galatern. Den Korinthern. Den Römern. Und weiter über die Jahrhunderte hinweg. Ein Augustin hatte sie wieder herausgestellt. Und später die Reformatoren und ihre Nachfolger bis in unsere Tage. Paulus lehrt die Rechtfertigung allein aus dem Glauben an Christus ohne Werke des Gesetzes. Darin will er alle Menschen gewiß und fest machen. Darin dürfen sie ihren Halt finden. Jetzt sagt er den Philippern und uns: Paßt auf!

Aufzupassen bedeutet für uns freilich reflexartig, daß man keinen Fehler machen darf. Wir sehen uns just im Horizont des Gesetzes, also dessen, was uns geboten ist und worauf wir zu achten haben. Paßt auf! Das bedeutet jetzt aber etwas anderes. Der Gemeinde droht Gefahr: die Hunde, schlechte Werkhelden, die Zerschneidung!

Diese drei Alarmrufe haben, wie unschwer zu erkennen ist, etwas mit dem Judentum zu tun. Sie weisen aber nicht auf die Synagoge, welche sich der Verkündigung von Christus verschließt. Paulus spricht von jüdischen *Christen.* Sie fordern, daß nur an Jesus glauben könne, wer die ganze Tora befolge. Das heiße, daß alle Männer beschnitten werden müssen. Es gelte auch das ganze Ritualgesetz. Wer nicht koscher esse und den Sabbat genau einhalte, sei nicht rein. Paulus redet schroff: Mit ihrer *Be*schneidung betreiben sie die *Zer*schneidung. Mit dem Reinheitsgesetz sind sie wie ein Hund, der zu den unreinen Tieren gehört. Mit der Forderung nach den Werken des Gesetzes sind sie schlechte Werkhelden. Calvin hat dazu gesagt: "Es gibt Vielbeschäftigte, die besser müßig gingen." (Ioannis Calvini in Novi Testamenti Epistolas Commentarii ad Editionem Amstelodamensem Pars Secunda, Berolini, 1834, p. 196: "multi enim satagunt, quos praestaret manere otiosos.") Paulus nimmt die Beschneidung, das Zeichen der Zugehörigkeit zum Bunde, den Gott mit Israel gestiftet hat, für die Gemeinde in Anspruch, die allein aus dem göttlichen Geist ihren Gottesdienst tut. Nur in diesem Geist kann sie fromm sein.

Die christliche Gemeinde vertraut nicht auf Fleisch. Was heißt das? Moderne Übersetzungen geben es verschieden wieder: Wir setzen unser Vertrauen nicht auf uns selber. Wir verlassen uns nicht auf eigene Vorzüge. Das ist nicht ganz falsch, aber mißverständlich. Fleisch ist nicht gleich Selbstvertrauen oder ererbte und erworbene Qualitäten. Es könnte der Fehlschluß gezogen werden, der christliche Glaube führe zu Ichschwäche, Trägheit und einer Verkümmerung der natürlichen Fähigkeiten. Paulus zeigt aber, daß er ein natürliches gesundes Selbstvertrauen hat und sehr wohl, wenn es denn sein müßte, sich rühmen kann. Fleisch ist - wie Karl Barth formuliert - "das in der Ferne von seinem Herrn sein Wesen treibende, unerlöste und als solches auch unerlösbare Menschengeschöpf dieses Aeons". (Karl Barth, Erklärung des Philipperbriefes, 6. Aufl., Zürich 1947, S. 94). Darauf vertrauen wir nicht.

Wirklich? Wie verhält sich unser Gemeinwesen? Da verstößt ein Mensch gegen das achte Gebot. Er bedient sich in einer von ihm geführten Kasse, über die er Rechenschaft ablegen muß. Er ringt sich selber durch und anerkennt seine Schuld. Bestrafung und Wiedergutmachung könnten ihren ordentlichen Lauf nehmen. Und es wäre Raum für die Vergebung, aus der allein ein Weiterleben möglich ist. Es kommt aber an die Öffentlichkeit. Das führende Medium stellt ihn bloß: Balkenüberschrift und da sein Bild! Schaut ihn euch an! ... Es läßt sich offenbar besser dem Geld nachjagen, kleine (oder auch größere) Lügen und Unkorrektheiten lassen sich besser verharmlosen, wenn man hin und wieder auf einen Schuldigen zeigen kann. Diese Rechnung scheint aufzugehen: Hier die Rechtschaffenen, dort der Gesetzesbrecher! Hier die Reinen, dort der Unreine!

Paßt auf! warnt uns das Wort aus dem Philipperbrief. Ihr entfernt euch damit nicht nur ein wenig vom Evangelium. Ihr gebt es damit ganz preis. Und die Rechnung geht keineswegs mehr auf.

Vertrauen auf das Fleisch

Doch bevor Paulus davon redet, unterbricht er sich im Augenblick, da er vom Fleisch spricht, auf das wir uns nicht verlassen. Es könnte der Eindruck entstehen, er rede nur darum negativ über die Gerechtigkeit, die aus der Erfüllung des Gesetzes kommt, und das Leben, das auch rituell nach der Tora gestaltet wird, weil ihm diese Frömmigkeit zu anstrengend sei. Er sympathisiere mit Gesetzesbrechern, weil er es selber mit dem Gesetz nicht so ernst nehme. Nein, wenn einer meint, er könne auf das Fleisch, das eigene Menschsein vor Gott und den Menschen vertrauen, könnte es Paulus noch viel mehr. Und nun zählt er auf, was er als frommer Jude vorweisen kann. Er ist im Gegensatz zu manchen, die in der Gemeinde am meisten judaisieren, als Jude geboren und genau nach dem Gesetz beschnitten. Er gehört dem Stamm Benjamin an, der mit Juda zusammen unter Rehabeam zum davidischen Königshaus hielt. Er hat als Pharisäer die Tora restlos ernst genommen. Sein Eifer war so groß, daß er die Gemeinde Jesu Christi verfolgte. Er jagte sie, sagt er. (Das gleiche Wort begegnet völlig anders gerichtet noch einmal, wenn er davon spricht, er jage auf das Ziel zu!)

Aber wie die Warnung am Anfang nur in einem kurzen Alarmruf bestand, so macht Paulus die Feststellungen seiner Gesetzesfrömmigkeit nur mit Stichworten. Es sind keine ganzen Sätze. *Beschneidung am achten Tag! aus dem Volk Israel! aus dem Stamm Benjamin! Hebräer von Hebräern! was das Gesetz betrifft: Pharisäer! was den Eifer betrifft: die Kirche jagend! was die Gerechtigkeit im Horizont des Gesetzes betrifft: untadelig!* Die Worte liegen nur noch hingestreut wie Bruchstücke eines eingestürzten Baues.

Verlust und Gewinn

Ja, wie Schutt liegt es da, der auf die Deponie abtransportiert wird. Paulus spricht noch drastischer davon, er halte es alles für Dreck oder Kot, also für das, was man nicht mehr anrührt, wenn es einmal ausgeschieden ist. Er sagt nicht: Ich habe das, was dunkel und böse in mir ist, abgelegt und weggetan. Nein, er redet von seiner Güte, von dem, was allgemein als ethische und religiöse Qualität gelten konnte. Aber auf diese Vergangenheit ist nicht mehr zurückzukommen.

Den Ort, von dem aus ich auf den Sünder zeigen und ihn bloßstellen kann, gibt es für mich nicht mehr. Das bedeutet nicht, daß es keine Sünde mehr gebe. Es heißt auch nicht, das Gesetz habe Unrecht. Im Gegenteil. Nicht alle Katzen sind grau. Gut und Böse verschmelzen nicht in ein schummriges Zwielicht. Aber es gibt keine Heilung und kein Heil aus der Rechtschaffenheit.

Paulus muß die Rechnung korrigieren: *Was mir Gewinn war, das sah ich um des Christus willen an als Verlust.* Durch Christus ist es ihm zum Verlust geworden. Nachdem Christus sich ihm zu erkennen gegeben hat, müßte er die Rechnung frisieren, wenn er sie noch so darstellen wollte wie früher. Was einmal Aktiven waren, steht jetzt auf der Verlustseite. (Wie Swissairaktien nach dem Grounding. Einstmals der Stolz einer Nation und plötzlich eine Schande). Man muß es als Verlust verbuchen. Alle diese Dinge, die einmal im Plus waren, sind jetzt nichts mehr wert, ja sie stehen sogar im Minus. Paulus sagt: Ich habe es alles abgeschrieben. Das Minus in der Lebensrechnung muß nicht versteckt und geschönt werden, denn er hat ... einen viel größeren Aktivposten entdeckt, nämlich Christus, der viel mehr wert ist, - möchte man ergänzen. Aber hier hört der Vergleich auf. Paulus erkennt Jesus als den Christus, als seinen Herrn. Er läßt alles hinter sich, worauf man sich verlassen möchte, um Christus zu gewinnen. Und dieses Gewinnen hat mehr damit zu tun, wie eins das andere gewinnt, weil die Liebe es gelingen läßt.

In Christus gefunden

Christus gewinnen! Welches ist jetzt der Ort des Christenmenschen? Er befindet sich nicht in der Position, daß er mit Gott einen Handel treibt und ein altes Leben gegen ein neues eintauscht. Nach dem, was Paulus sagt, geht es auch nicht um den Schritt aus einem schlechten Leben in ein gutes und verantwortliches - so nötig solche Schritte auch sind. Auf der Verlustseite steht im Gegenteil ein religiöses Leben, das sich ganz im Horizont hochstehender Moral und schöner Rituale befand. Paulus handelt Christus nicht ein im Gegenzug eines Verzichtes. Sonst würde er nicht von Dreck reden. Er ist arm geworden. So erkennt er Christus, ja, noch mehr: Er ist von ihm erkannt. Er ist ergriffen, noch bevor er selber etwas in der Hand hat. Er wird gefunden. Es wird nicht ein Mensch entdeckt, der seine eigene Gerechtigkeit hat, sondern die Gerechtigkeit aus Gott aufgrund des Glaubens. Christus gewinnen, in ihm gefunden werden gerecht aus Gott - das alles ist schon jetzt wahr. Da hat er seinen Ort. In Christus ist der Ort des Christenmenschen. Erst im Glauben. Er ist noch nicht mit Christus auferstanden. Aber er ist bereits hineingezogen in eine Bewegung. Paulus sagt: *Ihn, Christus, zu erkennen und die Kraft seiner Auferstehung und die Teilhabe an seinen Leiden, seinem Tode gleichgestaltet zu werden ...*

Wie vorher nur Satzbruchstücke hervorbrachen, so packt Paulus seine Aussage jetzt in einen endlosen Satz, in dem alles miteinander verbunden ist. Er redet von sich. Aber dem Gehalt nach ist Gott das handelnde Subjekt. An Paulus geschieht etwas. Er ist in einen neuen Zusammenhang gestellt. Er macht nicht aus sich einen neuen Menschen. Jetzt lebt er in der Zeit, in der er an den Leiden Jesu teilbekommt. Die Leiden der Menschen sind dadurch nicht erklärt. Das Warum einer Krankheit oder eines andern schweren Geschickes bleibt unbeantwortet. Den Leiden ist aber zugesprochen, daß sie in die Gemeinschaft mit den Leiden Christi gestellt sind. Und Sterben heißt nicht mehr, das Opfer des Todes, sondern dem Tod Christi gleichgestaltet zu werden. *Ob ich so zur Auferstehung der Toten herausgelangen möchte.* Noch bin ich nicht so weit.

Wie ein Wettlauf

Jetzt befinde ich mich noch wie in einem Wettlauf. Paulus vergleicht mit dem Sport. Es geht nicht um das strebende Bemühen nach immer höherer menschlicher Vollkommenheit, von der ich zwar lange noch nicht alles, aber doch schon etwas habe. Mit leeren Händen jagt da einer auf das Ziel zu. Was möchte er ergreifen? Es wäre zu ergänzen: den Kampfpreis. Den Pokal. Nach dem Gleichnis vom Wettlauf, das Paulus braucht, ist der Preis die Berufung, die von Got kommt und bei Gott schon in Kraft ist. In Christus ist er schon berufen. Er hat diesen Preis noch nicht ergriffen. Aber er ist selber ergriffen von Christus. Hier ist dem sportlichen Bild eine Grenze gesetzt. Es hat auch seinen Dienst getan, wenn ich vergesse, was hinter mir ist und ich mich ausstrecke nach dem, was vor mir ist.

CHRISTUS LEBT IN MIR
Galater 2, 19 und 20

Ich aber bin durch das Gesetz dem Gesetz gestorben, auf daß ich für Gott lebe. Ich bin mit Christus gekreuzigt. Ich lebe, aber nicht mehr ich, sondern Christus lebt in mir. Was ich jetzt lebe im Fleisch, das lebe ich im Glauben an den Sohn Gottes, der mich geliebt und sich überliefert hat für mich.

Christus lebt in mir. Das ist das Wort über mich als getauften Christenmenschen, das mir heute neu zugesprochen wird. Ich habe es vielleicht schon oft gelesen oder gehört. Es kann aber auch sein, daß es bis jetzt an mir vorbeigegangen ist. Daß Christus in mir lebe, kommt nicht als Resultat einer Selbstprüfung zum Vorschein. Paulus schreibt es über sich, über die Galater und über uns als eine Erkenntnis, die aus dem Evangelium stammt. Sie schaut uns fremd an. Kommt Christus als Eindringling? Und bedeutet sein Leben in mir den Verlust der eigenen Identität? Bevor noch solche Fragen aufsteigen, höre ich den Jubel in den Worten des Paulus, mit denen er Jesus willkommen heißt, wie die Menge am Palmsonntag Jesus in Jerusalem freudig begrüßt hat: *Gepriesen sei, der da kommt im Namen des HERRN.* Höre ich es? Ich darf fröhlich hinausgehen und auch sagen: *Fürchte dich nicht, siehe, dein König kommt.* Es ist wahr. Es ist befreiend. Und es ist für mich. Christus lebt in mir.

Everyman

Dieses Wort aus der Bibel stößt in uns allerdings auf unsere eigenen Worte und Bilder, die vom Leben völlig anders reden. Das kann zum Beispiel ein Buch des amerikanisch-jüdischen Schriftstellers Philip Roth sein: "Everyman" - Jedermann (dt. Übersetzung: Jedermann, München/Wien, 2006). Es ist die Geschichte eines älteren Mannes. Er ist bereits gestorben. Der kurze Roman wird ausgehend von seinem Begräbnis in der Rückblende erzählt. Einmal lag ihm das Leben zu Füßen, so wie er auf den Wellen des Ozeans ritt und seine Kraft spürte. Jetzt beobachtet er ängstlich sein Altern, kämpft gegen die Sterblichkeit und sehnt sich nach dem großen Ausbruch und neuer Vitalität. Aber dann müssen Arztbesuche und Operationen beschrieben werden; zerbrochene und gesuchte Beziehungen; vergangene und nicht mehr wiederholbare Lust. Everyman wird zu dem Menschen, der er nicht sein will. "Man wird geboren, um zu leben und statt dessen stirbt man." Everyman glaubt nicht an ein Leben nach dem Tod. Er weiß ohne Zweifel, daß Gott eine Erfindung ist und "dieses eine Leben das einzige, das er haben würde" (161). Es bleibt ihm nur "das ohnmächtige Sich-abfinden-Müssen mit dem körperlichen Verfall und der unheilbaren Trauer und dem Warten, dem ewigen Warten auf nichts. So ist das also, dachte er, das ist es, was du nicht wissen konntest" (153). "Auf sich allein gestellt, hatte er eine Zeitlang geglaubt, daß das, was ihm fehle, schon irgendwie zurückkommen und seine Unverletzlichkeit wiederherstellen und ihm die Zügel wieder in die Hand geben werde" (152f.). Liebesbedürftig, aber nur beschränkt liebesfähig ist er dem vergehenden Leben nicht gewachsen.

Durchs Gesetz dem Gesetz gestorben

Paulus sagt von sich auch, er sei schon gestorben. Aber diese Aussage hat nichts mit dem Eingeständnis seiner Sterblichkeit zu tun. *Ich bin durch das Gesetz dem Gesetz gestorben.* Das ist eine befremdliche Formulierung. Wir müssen sie verstehen. Sonst bleibt das "Christus lebt in mir" dunkel, oder wird mißverstanden als das Eindringen eines andern Lebens, welches das meine wegdrängt. Mit dem Gesetz ist die gute Weisung Gottes gemeint. Die Zehn Gebote und alles, was daraus folgt. Bei Mose ist kein Unterschied zwischen moralischer und sonstiger Ordnung. Es ist die Ordnung, die uns gegeben ist, damit das Leben gelingt. Im 5. Buch Mose (30, 15f.) heißt es: *Siehe, ich habe dir heute vorgelegt Leben und Glück, Tod und Unglück. Wenn du hörst auf das Gesetz des Herrn, deines Gottes, ... indem du den Herrn, deinen Gott, liebst und in seinen Wegen wandelst und seine Gebote, Satzungen und Rechte hältst, so wirst du am Leben bleiben und dich mehren und der Herr, dein Gott wird dich segnen.* Andernfalls trifft uns der Fluch des Gesetzes und wir gehen zugrunde.

Paulus sagt nun offenbar, daß der Mensch schon falsch gewählt, das Gesetz an ihm das Urteil vollstreckt und er sich den Tod geholt hat. Der Fluch des Gesetzes hat dem verklagenden Gesetz Nachachtung verschafft. Doch damit hat das Gesetz an ihm nichts mehr. Über einen Gestorbenen hat es keine Autorität mehr. Darum sagt Paulus: *Ich bin dem Gesetz gestorben.* In unsern Ohren klingt das fast danach: Die Forderung hat mich völlig überfordert. Sie hat mich aus diesem System geworfen. Ich bin erledigt.

Wenn ich so verstehe, leuchtet freilich nicht ein, warum dieses dem Gesetz Sterben dazu führt, daß ich für Gott *leben* soll. Es wäre eher eine theologische Variante, von Everyman-Jedermann zu reden. Martin Luther hat den schwierigen Satz anders verstanden. Er hört Paulus sagen: "Was betäubt ihr mich mit vielen Reden von dem Gesetz? Wenn es durchaus gilt, daß man ein Gesetz haben muß, dann habe auch ich mein Gesetz. Er nennt gleichsam in einer Unwillensregung durch den Heiligen Geist die Gnade selbst 'Gesetz' ... Es ist das eine überaus freundliche Redeweise in der Schrift..." (Galaterkommentar, 103. WA 40 I, 266). Es wäre also Gesetz gegen Gesetz, Tod gegen Tod gestellt. "Paulus ist hier der allergrößte Ketzer", sagt Luther, "Seine Ketzerei ist unerhört, denn er sagt, daß er, dem Gesetz gestorben, Gott lebe." (104/ 267). Wo doch galt: Du lebst nur, wenn du das Gesetz hältst. Und sonst bist du vor Gott tot.

Mit Christus gekreuzigt

Aber jetzt gilt, daß ich frei bin vom Gesetz. Paulus sagt nicht, er stehe *über* ihm, sondern: *Ich bin dem Gesetz gestorben.* Er hat nichts mehr mit ihm zu tun. Denn er lebt für Gott nur noch aus der Gnade. *Ich bin mit Christus gekreuzigt.* So also versteht er den Tod, den er schon gestorben ist. Es war nicht die allgemeine Vergänglichkeit, die ihn eingeholt und schon nach ihm gegriffen hat. Er denkt an seine Taufe. Durch die Taufe auf Christi Tod, ist er mit ihm begraben worden. Wie Christus auferstanden ist, wird er auch mit ihm leben. Wir sind erstaunt, daß in der Taufe so etwas Gewaltiges geschehen sein soll. Denn sie wird meistens nur als traditionelles Ritual einer religiösen Zugehörigkeit verstanden. Wie Paulus schon die Römer Christen gefragt hat, so gilt die Frage auch uns: *Wisst ihr nicht, daß wir alle, die wir auf Christus Jesus getauft wurden, auf seinen Tod getauft worden sind?* Wenn uns das bewußt wird, verstehen wir vielleicht, wie Paulus davon reden kann, daß er nicht mehr sein Leben lebe, sondern das eines andern.

Das Leben der andern

Wie soll ich das begreifen? Daß in mir ein anderer lebt? "Das Leben der anderen" heißt ein deutscher Film, der in der letzten Zeit der DDR spielt. Er gibt Einblick in zwei Leben: in das der Stasi, der Staatssicherheit, und das der von ihr Beobachteten. Ein linientreuer und gehorsamer Mitarbeiter soll den Schriftsteller und seine Freundin bespitzeln und einen Verstoß gegen das Regime aufspüren. Tag und Nacht hört er ihr Leben ab und nimmt unsichtbar an ihm teil. Er sieht, wie das System die Macht mißbraucht und die Menschen in den Tod treibt. Nach und nach beginnt er das Leben der anderen zu schützen. Aber er muß immer noch sein altes weiterleben. Könnte es ein befreites Leben geben?

Nicht mehr ich, sondern Christus

Paulus lebt auch immer noch seine irdische Existenz. Die Verknüpfung mit der Taufe zeigt, daß er nicht auf sein Ableben vorgegriffen hat und von Abschied redet. Von außen ist ihm vielleicht nicht anzumerken, daß sich etwas verändert hat. Und doch sagt Paulus: So lebe denn nicht mehr ich. Wer ist dieses Ich? Es ist der von Gott geschiedene Mensch, Everyman, der Jedermann, der nach dem Leben dürstet und die Sterblichkeit fürchtet und kein anderer werden kann. Dieses Ich lebt nicht mehr. Dieses Leben ist schon verwirkt, aber auch schon von der Gnade überwunden. Wie Paul Gerhardt dichtet: "Dies Leben ist doch lauter Tod" (Gesangbuch der Evangelisch-reformierten Kirchen der deutschsprachigen Schweiz, Basel /Zürich 1998 = RG 476,4).

Aber Christus lebt in mir. Das ist das in der Taufe geschenkte Leben. Es könnte als Entpersönlichung und Fremdbestimmung verstanden werden. Diese Befürchtung ist unbegründet, wenn ich mit Luther sage, durch den Glauben würdest du so mit Christus zusammengeschweißt, "daß aus dir und ihm gleichsam eine Person wird, die man von ihm nicht losreißen kann, sondern beständig ihm anhangt und spricht: Ich bin Christus; und Christus wiederum spricht: Ich bin jener Sünder, der an mir hängt und an dem ich hänge" (Galaterkommentar 111, WA 40 I, 285). Das ist extrem formuliert. Aber Paulus selber braucht das Bild vom Leib Christi. Er redet davon, daß wir Christus gleichgestaltet werden. Ich kann und muß daraus kein Programm machen. Aber vielleicht habe ich es an einem Menschen durchscheinen sehen. Es kommt mir Frère Roger von Taizé in den Sinn und wie ich in der Begegnung mit ihm dachte: Er sieht aus wie einer, der schon gestorben ist, in dem aber ein anderer lebt.

Der Glaube und das Zeugnis des Geistes

Ein solches Beispiel birgt freilich die Gefahr, daß wir aus Christus, der in einem Menschen lebt, eine besondere Würdigkeit oder Güte machen, bei der Verehrung eines Heiligen landen und versuchen, irgendwie an seinem Verdienst teilzubekommen. Paulus dagegen fährt, kaum hat er gesagt *Christus lebt in mir,* sofort weiter: *Was ich jetzt lebe im Fleisch, das lebe ich im Glauben an den Sohn Gottes.*

Das heißt: Ich lebe jetzt immer noch dieses irdische Leben. Insofern stehe ich auch nach wie vor unter den Geboten und werde in meine Grenzen verwiesen. Und in diesem Leben habe ich das Christusleben allein im Glauben. Als der immer wieder von Gott abfallende und von ihm geschiedene Mensch verfüge ich nicht über Christus wie über eine innere Energie. *Christus lebt in mir* - das ist nicht eine Quelle der Vitalität. Es heißt nicht, daß man über größere seelische Ressourcen verfügt und es ist schon gar nicht zu verwechseln mit den positiven Seiten und gleichsam dem bessern Teil eines immer gemischten Charakters.

Aber du magst denken: Ich höre das alles, was Paulus sagt, und verstehe es der Spur nach. Doch ich kann es nicht so glauben. Da bekommst du zur Antwort: Gottes Geist kann in dir den Glauben wirken. Paulus redet, ohne das Wort "Geist" zu brauchen doch von der Wirkung der Kraft Gottes, die einen neuen, inneren Menschen schafft noch mitten im toten Everyman. Einzig der Geist Gottes selber kann in mir die Gewißheit davon geben, daß Christus in mir lebt. Dieses Zeugnis des Geistes ist eine verborgene Sache, die mir selber entzogen ist. Ich darf aber darum bitten.

Für mich

Wir müssen nicht meinen, wir könnten aus uns solche andere Menschen machen, in denen Christus lebt. Man soll auch nicht scheinbar menschenfreundlich sagen: mache, was dir möglich ist; und der Rest wird sich geben. Der Rat, daß man nicht mehr tun soll, als man kann, ist gut für das Leben im Fleisch, das heißt in dieser irdischen Existenz in Familie und Beruf, in Wirtschaft und Politik und all den andern Bereichen.

Aber das Leben Christi in uns beginnt nicht damit, daß wir mit dem uns Möglichen einmal selber anfangen. Christus ist der Anfänger und Vollender des Glaubens. *Er hat mich geliebt und sich selbst hingegeben.* Für mich! Die ethische Forderung oder die Werte oder die Menschenrechte oder wie man sonst sagen mag, - sie lieben mich nicht und geben sich nicht für mich hin. Aber Christus - so sagt es (noch einmal) Luther - "ist ein Liebhaber aller, die in der Angst, in der Sünde und im Tod sind" (118/ WA 40 I, 299). Er kommt und möchte bei dir einziehen. Ja, siehe, dein König kommt.

DIE HAUPTSACHE
1. Korinther 15, 1-11

Ich tue euch aber, Brüder, das Evangelium kund, dessen Bote an euch ich war, das ihr auch angenommen habt, das auch der Grund ist, auf dem ihr steht, durch das ihr auch gerettet seid, wenn ihr es festgehalten habt, so wie ich es euch brachte, es wäre denn, ihr solltet grundlos gläubig geworden sein.
Ich habe euch als Hauptsache überliefert, was ich selbst (als solche) empfangen habe:

> *Christus starb für unsere Sünden nach den Schriften*
> *und wurde begraben*
> *und wurde am dritten Tage auferweckt nach den Schriften*
> *und erschien dem Kephas,*

hierauf den Zwölfen. Hierauf erschien er mehr als 500 Brüdern gleichzeitig, von denen die meisten noch leben, einige aber sind entschlafen. Hierauf erschien er dem Jakobus, dann allen Aposteln.
Zuletzt von allen aber erschien er nun auch mir, der ich ja eine Fehlgeburt bin, denn ich bin der geringste unter den Aposteln, der ich nicht wert bin, ein Apostel zu heißen, weil ich die Gemeinde Gottes verfolgt habe. Durch Gottes Gnade aber bin ich, was ich bin, und seine Gnade gegen mich ist nicht leer gewesen, vielmehr mehr als sie alle habe ich gearbeitet, nicht ich, sondern die Gnade Gottes, die mit mir ist. Ob nun ich es bin oder ob jene, so verkündigen wir es und so seid ihr gläubig geworden.

Ihr seid gläubig geworden. Das war der Schluß dieses Wortes von Paulus, das er mit der Bemerkung eröffnete, er tue uns etwas kund. Wenn man zehn Menschen danach befragen würde, was Osterglaube sei, bekäme man zehn verschiedene Antworten. Dennoch werden wir in der Verschiedenheit des Glaubens als solche angesprochen, die gläubig geworden sind. Ich werde nicht gefragt, ob ich damit einverstanden bin. Mir liegt vielleicht gerade an der genauen Unterscheidung von der irrtümlichen Auffassung eines Mitchristen. Oder ich gehöre möglicher Weise zu denen, deren Auferstehungsglaube erschüttert und sogar von einer heftigen Abkehr abgelöst worden ist. Aber nun werden mir lauter Dinge kundgetan, die auch für mich gelten und Bestand haben sollen. *So seid ihr gläubig geworden.* Ich werde einfach in diese Mehrzahl hineingestellt. Da: diese Gemeinde! So mir nichts dir nichts der große Plural der Kirche!

Als ob sie nicht in ungezählten Spaltungen zerrissen wäre. Als ob sie nicht die widersprüchlichsten Mischungen eingegangen wäre. Als ob sie nicht in Nationalkirchen und Römische Kirche, in orthodoxe und reformatorische Kirchen, in fundamentalistische und liberale Strömungen und unzählbare Gemeinschaften und Sekten zertrennt wäre; in schwindende Großkirchen und wachsende Kleinkirchen. *Ich tue euch das Evangelium kund*, sagt Paulus. Und er nennt uns Schwestern und Brüder und rechnet mit unserem Glauben, auch wenn er sehr klein sein mag und mehr frühlingsfreudig als osterfreudig. Alle diese unsere Befindlichkeiten und auch die ganzen kirchlichen Streitigkeiten werden mit einer großen Bewegung zur Seite geschoben, weil da nur dieses Eine, Große, diese Hauptsache der Rede wert ist: Christus ist offenbart worden als der, der für unsere Sünden gekreuzigt und auferweckt wurde. Er erschien. Diese Offenbarung ist die Hauptsache; und ihr steht unter ihrer Wirkung. Das ist viel stärker als alles andere. Laßt es euch sagen. Darum seid ihr hier. Darum feiern wir Ostern.

Erinnerung an das bekannte Unbekannte

Paulus löst in uns eine Erinnerung aus. Man könnte das Kundtun des Evangeliums so übersetzen, daß Paulus uns an die Botschaft erinnert, die wir einmal gehört haben und die dann in uns eingangen ist und die wir angenommen haben und die einen Grund gebildet hat, der immer noch da ist. Jedenfalls macht er einen Rückgriff und kommt darum ins Erzählen. Weißt du noch, wie es damals war? Erinnerung bedeutet aber hier nicht, daß das, worum es geht, aus meinem eigenen Innern stammt. Wir werden an etwas erinnert, was uns zutiefst unbekannt war und geblieben ist. Es ist die Erinnerung an das schlechthin Neue. Wir pflegen uns an die uns bekannten Dinge zu erinnern. So erinnern die Grabmäler an unserer Verstorbenen. Die Ostererinnerung des Paulus entspricht aber dem Grab Jesu, das die Frauen am Ostermorgen leer finden: Es erinnert plötzlich an das völlig Unbekannte und Neue, das sich niemand vorstellen kann: Er ist nicht hier! Er ist auferweckt worden.

Paulus greift zurück. Der erste Rückgriff geht in die Zeit, als er nach Korinth kam und das Evangelium den ersten Lesern seines Briefes brachte. Der zweite greift noch weiter in die Vergangenheit, als er selber der Empfänger dessen war, was er ihnen später weitergegeben hat. Dieses Empfangene spricht Paulus formelartig aus. Erinnern heißt jetzt eben wieder neu kundtun. Es ist ein konzentriertes viergliedriges Bekenntnis, das Paulus offenbar nicht selber formuliert, sondern seinerseits schon so empfangen hat:

Christus starb für unsere Sünden nach den Schriften
und wurde begraben
und wurde am dritten Tag auferweckt nach den Schriften
und erschien dem Kephas.

In diesen gedrängten Worten erfolgt ein dritter Rückgriff auf die Zeit der Erscheinungen, als deren erste die vor Kephas (d.i. Petrus, der Fels) genannt wird. Es ist zu erkennen, daß wir mit diesen drei Schritten ohne Lücken bis zur Kreuzigung Jesu zurückkommen. Und doch führt diese Erinnerung nicht etwas wie einen Beweis für Ostern. Bezogen auf das Geheimnis der Auferweckung Jesu Christi von den Toten selber könnten uns diese Worte der Bekenntnisformel als Leerformel vorkommen. Unbestreitbar sehr alt, das Früheste vom Frühchristlichen - aber für uns leer.

Der Rückgriff des Paulus ist nicht der Versuch, das Wunder der Auferweckung und der offenbarenden Erscheinung Christi zu beweisen. Wenn etwas zu beweisen wäre, dann könnte es nur die allgemein zugängliche Realität des Todes und des Grabes sein, das den Tod manifest macht.

Unabweisbar aber zeigt Paulus, daß das Evangelium von Anfang an dasselbe war. Er hat schon empfangen, was sie von ihm gehört haben. Petrus und die andern der Zwölf, der Jünger Jesu, haben nichts anderes verkündet. Die 500 Brüder auch nicht. Auch Jakobus, der leibliche Bruder Jesu, hatte keine andere Botschaft als diese:

Christus starb für unsere Sünden nach den Schriften
und wurde begraben
und wurde am dritten Tag auferweckt nach den Schriften
und erschien dem Kephas.

Das war und ist und bleibt die Hauptsache, ohne die es keine Gemeinde Gottes gibt. Es handelt sich nicht um etwas, das Paulus hinzufügt. Auch wenn tausendmal wiederholt wird, der Apostel habe aus der einfachen Lehre Jesu eine komplizierte Theologie gemacht, wird diese haltlose Behauptung nicht wahrer. Es gibt keine einzige neutestamentliche Schrift, die nicht ihre je eigene Theologie enthielte. Eine solche, z.B. die johanneische oder die des Markus, mag uns näher liegen als die des Paulus. Auf ihre Weise bekennen sie alle:

Christus starb für unsere Sünden nach den Schriften
und wurde begraben

und wurde am dritten Tag auferweckt nach den Schriften
und erschien dem Kephas.

Daran erinnert Paulus. Es ist von allem Anfang an so bekannt worden. Und es ist zugleich das uns Menschen schlechthin Unbekannte, Neue.

Offenbarung

Das einzige Stück dieser bekannt unbekannten Hauptsache, das ohne weiteres einleuchtet, ist die Tatsache, daß Jesus begraben wurde. Sie bezeugt, daß sein Tod wirklich war. Es ist im Prinzip denkbar, daß das Grab Jesu wirklich zweifelsfrei festgestellt, gezeigt und gesehen werden könnte, wie das des Erasmus hier im Münster. Die Hauptsache wäre damit nicht sichtbar geworden. Die Hauptsache fügt sich überhaupt nicht in unser Sehvermögen. Sie sprengt jeden Horizont. Sie ist das, was kein Auge gesehen und kein Ohr gehört und in keines Menschen Herz gekommen ist. Die Hauptsache ist das Geheimnis der Offenbarung Gottes. Sie ist hier in ein Wort gefaßt: "Ophtä" - Er erschien. Zu schauen gab er sich. Er wurde gesehen. Wir biegen dieses Wort jetzt nicht um in eine seelische Aktivität der Osterzeugen. Wir sagen nicht: Sie *hatten* Visionen. Wir machen daraus auch nicht eine Tatsache oder ein Ereignis, das wie alle andern seinen Platz in der Weltgeschichte findet. Jeder Versuch, Ostern als eine Erscheinung unter den tausend andern in die Geschichte oder die Natur einzuordnen, entfernt sich von der Hauptsache, die hier bezeugt ist. Der Auferstandene war nicht zu sehen wie man das Grab sieht. Er erschien dem Petrus und den andern, - das heißt: Der Gekreuzigte offenbarte sich als der Lebendige. Die Osterzeugen haben nicht eine religiöse Erleuchtung, die ihnen eine neue Lehre und neue Gebote vermittelt, wie ein Mohammed und andere Stifter. Was über die Osterzeugen kommt, ist dieses Eine, daß Gott sagt: Da, in ihm bin ich! *Ich* bin dieser Gekreuzigte. Nie mehr kann Gott von diesem geschundenen Menschen getrennt werden. Gott ist mit dem gekreuzigten Jesus eins. Das ist Petrus, Maria Magdalena, den Zwölfen, mehr als 500 Brüdern, dem Herrenbruder Jakobus und schließlich Paulus offenbar geworden. Es war das Wunder der neuen Schöpfung über der verlorenen Kreatur, mitten in der alten vergehenden Welt.

Das Neue ist hier nicht mit Bildern des Lichts beschrieben. Es umfängt uns aber tröstlich, indem es uns in den traurigsten Winkeln unserer Existenz findet. Da wo wir uns verloren haben und dem Tod ausgeliefert und von Gott verlassen sind. Das alte Osterwort sagt: *Christus starb für unsere Sünden ... und wurde auferweckt*. Sein Tod hatte seine tiefste Ursache in unserer Gottlosigkeit und Gottvergessenheit. Christus überwand sie in seinem Tod. Und wie er von den Toten auferweckt wurde, wird er auch uns nach sich ziehen.

Die Worte, um von dieser Hauptsache überhaupt zu reden, stammen aus der Bibel. Von allem Anfang an haben die Osterzeugen die Offenbarung des Auferstandenen nach den Schriften des alten Testaments verstanden und bezeugt. Die Bibel beweist nichts, aber in großer Übereinstimmung weist sie darauf hin, daß der Christus leiden mußte und am dritten Tage auferstehen. Abraham mußte seinen Sohn nehmen, den Isaak, den einzigen, um ihn hinzugeben. Jeremia erlitt die Ablehnung seines Volkes um des Wortes Gottes willen. Vom Gottesknecht im Jesajabuch heißt es, daß die Strafe auf ihm lag zu unserm Heil. Hiob, den die Pfeile des Allmächtigen getroffen hatten, wußte doch, daß sein Erlöser lebt. Der Psalmist betet: Mein Gott, mein Gott, warum hast du mich verlassen? Hosea sagt: *Nach zwei Tagen wird er uns neu beleben, am dritten Tage uns wieder aufrichten, daß wir leben vor ihm* (6, 2).

Die Osteroffenbarung bewirkt, daß die Bibel mit ihren verschiedenen Geschichten und Prophetenworten und Psalmen zu reden und unser Herz dabei zu brennen beginnt. Manche Geschichten handeln mehr von den schwierigen Wegen von uns Menschen, von der Sünde und vom Tod und bezeugen Christus, indem sie von ihm schweigen. Dennoch konnten ohne die Bibel die Osterzeugen von Jesus nicht reden.

Fehlgeburt

Das erschienene und von den Schriften bezeugte Geheimnis hatte nun neue Zeugen gefunden. Paulus steht am Ende der Reihe. Er betont, daß er neben den andern nichts Neues und Eigenes, sondern denselben Christus offenbart bekommen hat. Gerade das ist an Paulus für uns so wichtig, daß er kein anderes Evangelium bringt, wie das in der Religions- und Kirchengeschichte immer wieder geschieht. Er entfaltet es nur auf seine Weise aus großer Kraft des Geistes. Er sieht seine Stellung kritisch und spricht von sich als einer Fehlgeburt. Vielleicht nimmt er ein Schimpfwort aus Korinth auf. Es kann sein, daß er als Mißgeburt verhöhnt wurde. Wie auch immer! Er steht dazu, daß er nicht lebensfähig war, insofern er auf dem Wege des Gesetzes ein vor Gott gerechter Mensch werden, deswegen auch die christliche Gemeinde als Gesetzlose verfolgen wollte und doch nur den Tod ernten konnte. Durch Gottes Gnade ist er ein anderer geworden: ein Zeuge und ein Bote, der die Gemeinde Gottes so aufgebaut hat, daß es bis heute nachwirkt.

Ob nun ich es bin oder jene ... Durch das eine oder andere Zeugnis hat das Wort der Offenbarung uns erreicht und den Glauben gebracht. Vieles stellt ihn in Frage. Es gibt Tage der Freude, die andere Ziele sieht und ihnen nachjagt. Es gibt Tage der Sattheit und Selbstzufriedenheit, in denen ein Mensch Gottes Offenbarung nicht zu brauchen scheint und von ihr darum nichts wissen will. Es gibt Tage der Sorge, durch die sie scheinbar nicht zu dringen vermag. Es gibt Tage der Verzweiflung, die den Trost des lebendigen Christus zurückweist. Aber Paulus läßt bei uns nicht locker: Es ging doch bei euch nicht ins Leere. Ihr glaubtet doch nicht vergeblich. Ihr habt das Evangelium einmal angenommen. Es ist der Grund auf dem ihr steht. Ihr seid durch es gerettet. Ihr seid doch gläubig geworden. Ihr feiert doch Ostern.

DIE WAHRHEIT ÜBER UNS

Römer 6, 1-14

Was sollen wir also sagen: „Laßt uns bei der Sünde bleiben, damit die Gnade um so größer werde?" Niemals! Die wir doch der Sünde gestorben sind, wie sollten wir noch in ihr leben? Oder wißt ihr nicht, daß wir, die wir auf Christus Jesus getauft worden sind, in seinen Tod hinein getauft worden sind? Begraben also sind wir mit ihm durch die Taufe in seinen Tod hinein, damit, wie Christus von den Toten auferweckt worden ist durch die Herrlichkeit des Vaters, so auch wir in (der) neuen Lebenswirklichkeit wandeln. Wenn wir nämlich verbunden sind mit der Gleichgestalt seines Todes, so werden wir (es) auch mit (der seiner) Auferstehung sein. Das erkennen wir, daß unser alter Mensch (mit Christus) mitgekreuzigt worden ist, damit der Leib der Sünde abgetan werde, so daß wir der Sünde nicht mehr dienen. Denn: Wer gestorben ist, ist von der Sünde freigesprochen. Sind wir aber mit Christus gestorben, so glauben wir, daß wir auch mit ihm leben werden. Wir wissen (ja), daß Christus von den Toten auferweckt nicht mehr stirbt; der Tod hat keine Herrschaft mehr über ihn. Denn sein Sterben war Sterben für die Sünde, ein für allemal. Sein Leben aber ist Leben für Gott. So auch ihr: Betrachtet euch als tot für die Sünde, aber als lebend für Gott in Christus Jesus! So herrsche denn die Sünde nicht in eurem sterblichen Leib, dass ihr seinen Begierden gehorcht; und stellt eure Glieder nicht als Waffen zur Ungerechtigkeit der Sünde zur Verfügung, sondern stellt euch Gott zur Verfügung als von den Toten zum Leben Gekommene und eure Glieder als Waffen zur Gerechtigkeit für Gott. Denn die Sünde wird über euch nicht Herr sein; steht ihr doch nicht unter dem Gesetz, sondern unter der Gnade.

Dieser Abschnitt aus dem Römerbrief fordert unsern Glauben gewaltig heraus. Die Herausforderung besteht darin, daß die Taufe *mehr* über uns aussagen soll, als alles, was wir von uns selber wissen und fühlen. Wie wir bis heute in der Regel Kinder taufen, so wurde die Taufe wahrscheinlich an den meisten von uns am Anfang ihres Lebens vollzogen. Dieses schwache Zeichen und Wort der Wassertaufe sagt die Wahrheit über mich, der gegenüber die Wahrnehmung, die ich von mir selber habe, nicht aufkommen kann. Du wandelst in einer neuen Lebenswirklichkeit. Das sagt die Taufe über die christliche Existenz, auch wenn die eigene Erfahrung und Beurteilung, auch wenn Ängste, Selbstmitleid, Liebeshunger und Schuldgefühle eine andere Sprache sprechen. Du bist mit Christus gestorben und darfst glauben, daß du auch mit ihm leben wirst. Du lebst in einem neuen Sein. So sei nun, wer du in Wahrheit bist.

Einwendungen

Paulus rechnet mit Widerspruch gegen dieses Evangelium. Er hat den Römern geschrieben, daß kein Mensch durch seinen Lebensvollzug vor Gott und seinem heiligen Willen bestehen kann. Es ist allein die Gnade, die aus Gottes Feinden Gottes Freunde macht. Ihr steht nicht länger unter dem Gesetz, sondern unter der Gnade. Dieses Lob der Gnade hat damals die dummfreche Frage hervorgetrieben: "Dürfen wir also unsere alte Ausrichtung beibehalten und tun, was wir wollen, auch das, was gegen das Gesetz ist, und dadurch wird dann die Gnade umso größer?" Die Reaktion auf das, was Paulus sagt, ist heute unter uns wahrscheinlich politisch korrekter. Nach dem guten Ton lautet die Frage jetzt: Muß diese Rede über die Sünde überhaupt sein? Im heutigen Abschnitt, kommt das Wort Sünde zehn Mal vor. Wer kann sich das noch anhören? Wir wissen, daß wir unvollkommen sind und Fehler machen und Schwächen haben. Aber, mußt du uns, Paulus, darauf festlegen und dem Thema der Sünde ein solches Gewicht geben? Wir reden lieber nicht davon. Wenn die Gnade alles ist, dann dürfen wir so leben, wie es uns entspricht. Wir versuchen das Böse zu vermeiden und geben unser Bestes. Hin und wieder geschieht zwar etwas Schlimmes. Aber das sind Ausrutscher, die wir nicht ausschließen können. Sie sind der Preis der Freiheit. Erzähle uns doch lieber eine tröstliche und aufbauende biblische Geschichte! Stärke doch unsere guten Seiten!

Tauferinnerung

Paulus sagt: Ich erzähle euch eine biblische Geschichte. Es ist eure eigene Geschichte, die es zu erinnern gilt. Ich erzähle euch, was mit euch geschehen ist. Ihr seid einmal getauft worden. Wißt ihr, was sich da ereignet hat? Ihr wurdet auf Jesus, den Messias, getauft. Das heißt, in seinen Tod hinein getaucht. Die Taufe hat euch zeichenhaft mit Christus ins Grab hineingelegt. Und damit ist erkennbar geworden, daß ihr mit Christus mitgekreuzigt worden seid. Der Mensch, der sündigen kann, der sich von Gott abwenden und sich gegen ihn stellen will und es auch wieder tun wird, der ist im Tod Christi abgetan. Den gibt es nicht mehr. Er ist der Sünde gestorben. Wer aber gestorben ist, hängt nicht mehr in den Bindungen seines vergangenen Lebens. Die Sünde hat keine Macht mehr über ihn. Wer gestorben ist, gegen den kann man nicht mehr klagen und keine Schuld mehr von ihm einfordern. Das ist eure Geschichte, die von euch erzählt werden darf, daß ihr einmal dieser alte Mensch gewesen seid, der mit der Sünde verhängt war, aber jetzt frei ist. Denn zu eurer Geschichte gehört untrennbar, daß ihr lebt. Das ist das Wunderbare dieser Geschichte, daß der Tod und das Grab sie nicht beenden, sondern am Anfang stehen und ihren Schrecken verloren haben. Den Hauptteil der Geschichte macht vielmehr der Weg aus, auf dem ihr jetzt in einer neuen Lebenswirklichkeit unterwegs seid. So wie ihr mit Christi Tod verbunden worden seid, so werdet ihr es mit seiner Auferstehung sein.

"Were you there when they crucified my Lord? ... Were you there when they laid Him in the tomb?" fragt der Negro Spiritual. "O, sometimes it causes me to tremble." Der getaufte Mensch ist kein historischer Zeuge. Er lebt ja hier und heute. Insofern war er nicht dabei. Es war Jesu Tod. Der Getaufte muß selber nicht sterben. Die Taufe läßt ihn aber erkennen, daß Christus ihn zu sich zieht. Wie es Jesus im Johannesevangelium (12, 32) sagt: *Wenn ich von der Erde erhöht bin, werde ich alle zu mir ziehen.* Mitgekreuzigt sein heißt, daß die Getauften am Sühnetod Christi teilbekommen. Sie sind tot für die Sünde, aber sie leben für Gott. Das ist die eigene Lebensgeschichte aus einem völlig anderen Blickwinkel betrachtet. "O, sometimes it causes me to tremble, tremble."

Entmachtete Sünde

Paulus fährt weiter: Ohne von der Sünde zu reden, konnte eure Geschichte nicht erzählt werden. Ihr ächtet in eurer heutigen Zeit den Begriff der Sünde und meint, damit sei die Sache aus der Welt. Das ist aber eine Täuschung. Es gehört zum Wesen der Sünde, daß sie sich möglichst klein, ja unsichtbar machen und ihre Sache im Verborgenen treiben will. Eine ihrer besten Verkleidungen ist die Verharmlosung. Man brauche das Wort nur noch für die kleinen Schwächen und Disziplinlosigkeiten: ein Stück Kuchen oder eine Zigarette zu viel, ein Gläslein über den Durst, zu schnell gefahren, zu ungeduldig oder eine zu lockere Zunge.

Aber das ist sie nicht. Das sind nur kleine Symptome. Sie hat verführerische Macht über den Lebenshunger, der nie genug bekommen kann, und will über die Menschen herrschen und sie versklaven. Sie läßt uns von Gott weg in die falsche Richtung blikken, so daß wir unserer Welt und unserm Leben den Schöpfer und Geber aller guten Gaben nicht mehr ansehen. Wenn Gott dem Menschen noch so nah ist, bleibt er ihm jetzt doch verborgen, weil der Mensch in die falsche Richtung gelenkt wird.

Wir können das Wort für diese Sündenmacht, die den Menschen verstrickt, weglassen. Zumal wir unfähig sind, diese Verstrickung zu beschreiben. Aber damit ist nichts gewonnen. An der ersten Stelle in der Bibel, wo von ihr die Rede ist, in der Geschichte von Kains Brudermord an Abel, warnt Gott den Kain, der Angst hat, er komme zu kurz. Gott sagt ihm, es lauere etwas vor der Tür und richte seine Begierde auf Kain, er aber sollte über es Herr werden. Er schafft es nicht. Es kommt gerade umgekehrt heraus. Der Mensch wird von dieser Macht beherrscht. Natürlich nicht Abel, der nicht mehr lebt, sondern Kain, der als schuldiger Mensch einen schwierigen Weg vor sich hat.

Diese Herrschaft ist im Tod Christi gebrochen. Denn sein Sterben war Sterben für diese Macht, die den Menschen von Gott abwendet. Niemand von uns muß dieses Sterben Jesu wiederholen, weil Gott sich hineinziehen ließ und in der Auferstehung offenbar gemacht hat, daß wir mitten in dieser alten Welt ein neues Leben haben dürfen. Denn die Sünde ist nicht mehr Herr über uns.

Sie ist entmachtet. Und dennoch kann sie, solange wir in dieser unserer sterblichen Gestalt existieren, in dem Leben, "das ich hab und noch diese Stunde treibe" (RG 724, 2), auf uns zurückkommen und wieder über uns herrschen. Die Taufe ist keine Garantie dafür, daß ein Mensch sich und seine Fähigkeiten und Kräfte nicht in einen falschen Dienst stellt. Es stecken nach wie vor Begehrlichkeiten in uns. Die Sünde steht sozusagen immer bereit, sie auf ein falsches Ziel zu lenken. Es bleibt unsere Aufgabe, vorsichtig zu sein, daß unser Kopf nicht auf dumme Gedanken kommt, unsere Hände sich nicht vergreifen und unsere Füße uns nicht auf falsche Wege führen.

Diesem Gebot, die Sünde nicht herrschen zu lassen, geht aber das größere Gebot voraus, daß wir uns für die Sünde als tot betrachten sollen. Es ist hier jedenfalls nicht von einem Kampf gegen sie die Rede. Den Kampf würden wir verlieren. Paulus formuliert realistisch, daß unsere Glieder Waffen für beide Seiten sein können: Wenn wir sie der Sünde zur Verfügung stellen zur Ungerechtigkeit. Wenn aber für Gott, dann zur Gerechtigkeit. Das entscheidende Gebot lautet darum: Stellt euch Gott zur Verfügung als von den Toten zum Leben Gekommene, dann dient ihr der Sünde nicht. Ja, von den Toten zum Leben gekommen - auf diesem Boden stehen wir.

Das geglaubte Leben

Die Taufe und das Wort, das wir von Paulus hören, reden vom neuen Leben. Wir sollten uns als solche ansehen, die für die Sünde tot sind, aber für Gott in Jesus Christus leben. Dieses Betrachten und Ansehen könnte von uns nun so verstanden werden, daß wir nach den entsprechenden Erfahrungen Ausschau halten. Es liegt nahe, das Leben für Gott an bestimmten guten Taten ablesen zu wollen. Doch sagt Paulus eben das nicht. Er sagt es anders: *Sind wir mit Christus gestorben, so glauben wir, daß wir auch mit ihm leben werden.* Dieses Leben, das den Tod als die Konsequenz der Sünde schon hinter sich hat, "ist kein Gegenstand der eigenen Erfahrung, sondern des Glaubens. Niemand weiß es nämlich, daß er lebt, oder macht die Erfahrung davon, daß er gerechtfertigt ist, sondern er glaubt und hofft." (Martin Luther, Vorlesung über den Römerbrief 1515/16, Darmstadt 1960 S. 374/5). Wissen können wir nach dem Wort des Paulus nur eben das, was er über die Taufe sagt und womit er den Glauben herausfordert.

Sind wir mit Christus gestorben, so glauben wir, daß wir auch mit ihm leben werden. Das ist die Mitte dessen, was uns heute gesagt ist. Dieses Wort versetzt uns nicht in eine schwärmerische Überhöhung der christlichen Existenz. Das Leben mit Christus steht im Horizont der Endzeit, die in seiner Auferweckung schon hereingebrochen ist. Der Glaube streckt sich jetzt schon danach aus und rechnet mit der Wirklichkeit dieses Lebens. Aber es steht uns dennoch erst als Zukunft bevor. Ist das ein Widerspruch? Leben wir jetzt schon oder werden wir es erst? Ein Anfang ist gemacht. Die Taufe markiert, daß die Richtung der Sünde verlassen ist und die Richtung zu Gott hin schon angefangen hat. Auch alles, was dagegen sprechen will, muß uns nicht irre machen. Die Taufe auf Jesus und das Wort des Apostels muten uns den Glauben zu, daß wir auch mit Christus leben werden und dieses Leben auch gegen die Selbsteinschätzung die Wahrheit über uns ist.

DER EINGANG

1. Thessalonicher 2, 1-13

Ihr kennt ja selbst, Brüder, unsern Eingang bei euch, daß er nicht ins Leere geriet. Vielmehr: Obwohl wir - wie ihr wißt - in Philippi zuvor Leiden erduldeten und mißhandelt wurden, haben wir den offenen Mut in Gott gehabt, euch das Evangelium Gottes zu sagen - in hartem Kampf. Denn unser Zuspruch kommt nicht aus Irrtum oder übler Gesinnung oder Betrug; sondern so, wie wir von Gott für wert befunden sind, das Evangelium anvertraut zu erhalten, so reden wir; nicht als wollten wir Menschen gefallen, sondern Gott, der die Herzen wägt. Denn wir sind damals weder mit Schmeichelrede aufgetreten, wie ihr wißt, noch aus verschleierter Habsucht, Gott ist Zeuge! Auch haben wir nicht die Ehre von Menschen gesucht, weder von euch noch von anderen, obwohl wir in der Lage gewesen wären, gewichtig aufzutreten als Apostel Christi; wir sind vielmehr liebevoll in eurer Mitte gewesen; wie wenn eine Stillende sich ihrer Kinder annimmt, so sind wir in Zuneigung für euch entschlossen, euch nicht allein am Evangelium Gottes, sondern auch am eigenen Leben Anteil zu geben; denn ihr seid uns lieb geworden. Ihr erinnert euch doch, Brüder, unserer Arbeit und Mühe; wir haben bei euch das Evangelium Gottes verkündigt, indem wir Tag und Nacht gearbeitet haben, damit wir niemandem von euch zur Last fallen. Ihr und Gott seid Zeugen, wie fromm, gerecht und tadellos wir euch, den Glaubenden, gegenüber waren. Wie ihr wißt, sind wir einem jeden von euch wie ein Vater seinen Kindern gegenüber gewesen; wir haben euch Zuspruch gegeben, euch ermutigt und gemahnt, damit ihr würdig des Gottes euer Leben führt, der euch berufen hat in sein Reich und seine Herrlichkeit.

Und auch deswegen danken wir Gott unabläßig, daß ihr das Gotteswort unserer Predigt, als ihr es empfingt, nicht als ein Menschenwort entgegengenommen habt, sondern als das, was es wirklich ist, als Gotteswort; es erweist sich ja auch in euch, den Glaubenden, als wirksam.

"Wir sind mütterlich gewesen bei euch, gleichwie eine Amme ihre Kinder pflegt." So hat Luther übersetzt. Die Zürcherbibel spricht von der stillenden Mutter. Das käme heute dem Bedürfnis nach dem Muttertag entgegen. Doch wir sehen sofort, daß etwas anderes an der Tagesordnung ist. Neben den Vergleich mit der Stillenden tritt väterlicher Zuspruch, Ermutigung und Ermahnung. Und Paulus schlägt einen intensiven

Ton an: "Ihr wißt. Ihr habt das Gotteswort, das ihr einmal empfangen habt und in dem ihr unterwiesen worden seid, nicht als Menschenwort entgegengenommen. Es ist in euch wirksam." Durch den neutestamentlichen Brief spricht Paulus diese Worte jetzt auch uns zu. Er bekräftigt mit Nachdruck. Vielleicht möchte einer unterbrechen und einwenden, daß er sich dessen nicht so sicher sei und überhaupt in solchen Dingen nichts wisse. Paulus aber bleibt dabei: Ihr seid Glaubende. Der Eingang, den die frohe Botschaft von Gott bei euch gefunden hat, ging doch nicht ins Leere. Ihr vertauscht doch das, was ihr bekommen habt, nicht mit irgend etwas anderm. Ihr seid doch in Christus durch die Taufe zum Reich Gottes berufen.

Paulus verteidigt sich

Der starke Zuspruch steht nun freilich in einer seltsamen Spannung zu den vielen Worten, mit denen sich Paulus verteidigt. Wir hören von Irrtum, übler Gesinnung, Betrug, Schmeichelreden und verschleierter Habsucht; davon, daß den Menschen nach dem Munde geredet und bei ihnen Ehre gesucht wird. Es liegt da auch der Verdacht in der Luft, mit dem Evangelium Gottes würde ein Geschäft gemacht. Ich könnte nicht behaupten, daß es das im kirchlichen Umfeld nicht gäbe. Aber die Frage ist: Wird Paulus tatsächlich in der Gemeinde all dieser üblen Dinge verdächtigt? Das paßt schlecht zu der Beteuerung, daß die Thessalonicher dem Paulus lieb geworden sind. Sie stellen seine Würde als Apostel nicht in Frage. Aber das Evangelium von Jesus und der Glaube daran sind einer großen Konkurrenz ausgesetzt. Wem gibt man Kredit? Wer ist glaubwürdig? Auf dem religiösen und weltanschaulichen Markt gibt es ungezählte andere Angebote. Moralreligion, Zivilreligion, Esoterik, nationale Religionen. Man sagt vielleicht: Jeder habe seinen philosphischen Überbau und Werte, die zu respektieren seien. Aber das sei eine Privatsache. Jede und jeder setze sie sich ein wenig anders zusammen. Ja, alles ist austauschbar geworden. Das ist der Hintergrund. Paulus redet zwar nicht zu solchen, die das Evangelium ablehnen oder nach einer Zeit des Interesses sich einer andern Überzeugung zugewandt haben, aber zu solchen, die unter dem Druck stehen, es zu tun. Das Problem besteht darin, daß wir das Wort, dem wir nicht unbedingt bestreiten, daß es mehr ist als ein Menschenwort, zwar hin und wieder hören, aber es dann einebnen in ein vagues religiöses Grundgefühl und die Meinungen der Mehrheit.

An Paulus wird genau das sichtbar, was - wie die ausgehende Antike - auch unsere Gegenwart bestimmt: Das Evangelium wird zu einem Angebot neben andern. Die

Eindringlichkeit des Paulus hat hier ihren Grund: Ihr habt es doch nicht *so* gehört. So beliebig. Ihr habt es doch nicht als meine persönliche religiöse Lehre gehört. Es wäre nicht das Evangelium Gottes, wenn ihr es so empfangen hättet.

Was heißt apostolisch?

Auch wenn ich in dieser Weise einigermaßen verstehe, was Paulus schreibt, bleibt es irritierend, wie sich alles um seine Person zu drehen scheint. Was geht uns das alles an? Man möchte Paulus zurufen: Verteidige dich nicht so krampfhaft. Wir achten deine apostolische Würde. Aber dein Verhältnis zu den damaligen Gemeinden läßt sich von uns nicht kopieren.

Es gibt zwar die starke Tradition der sogenannten apostolischen Sukzession, wie sie die römisch-katholische Kirche vetritt: Der Papst und die Bischöfe verstehen sich in der lückenlosen Abfolge als die Nachfolger der Apostel. Durch die Weihe geben sie von Generation zu Generation diese apostolische Autorität weiter. Wer mit ihnen in Gemeinschaft ist, gehört zur allgemeinen christlichen Kirche.

Wir stehen auch ohne Weihe und ohne Papst, Bischöfe und Priester faktisch in ehrwürdiger, ununterbrochener Reihe nicht weniger in der allgemeinen christlichen Kirche. In den reformatorischen Kirchen hat ja niemand aus sich selber einen Anfang gemacht und eine neue Kirche gegründet. Die eine, heilige und apostolische Kirche wurde erneuert. Aber nicht durch das Amt. Wir stehen nicht an der Stelle des Paulus und sind nicht Apostel. Aber wir alle lernen von Paulus, daß niemand das Evangelium von Jesus einem andern bezeugen kann, ohne ihm am eigenen Leben Anteil zu geben. Ohne die Wärme und Liebe und ohne Mühe und Arbeit geht es nicht.

Doch wie ist denn die Kirche die apostolische? Wer steht für uns an der Stelle des Paulus? Die Antwort auf diese Frage lautet: Es ist jetzt konkret dieser Abschnitt aus seinem Brief an die Thessalonicher, des ersten Briefs des Paulus, der zur ältesten ganzen Schrift innerhalb des Neuen Testamentes geworden ist. Die Bibel alten und neuen Testamentes gewährleistet uns die Verbindung mit den Aposteln. Aus der Bibel vernehmen wir das Gotteswort das mehr ist als ein Menschenwort. Darum sprechen wir nicht von der apostolischen Sukzession, sondern vom Dienst am Wort.

Viel von dem, was Paulus von sich sagt, wird nun für uns zu einer Eigenschaft der Bibel. Sie ist kein Buch wie die Millionen in den Bibliotheken und die Tausende von Neuerscheinungen an der Buchmesse und unterscheidet sich äußerlich doch nicht von ihnen. Man kann sie auf dem Bücherbord verstauben lassen. Aber - wie es Paulus von sich sagt - ihr Zeuge ist Gott. Sie sucht nicht die Ehre von Menschen. Sie fällt niemandem zur Last. Sie könnte das ganze Gewicht der apostolischen Autorität geltend machen. Aber sie will nur liebevoll in unserer Mitte sein.

Weisheitliche Texte des Alten Testaments reden schon diese Sprache. In den Sprüchen sagt die Weisheit:

Nehmt lieber Belehrung an als Silber
und Erkenntnis eher als köstliches Gold.
Denn Weisheit ist wertvoller als Korallen,
und alle Kleinodien wiegen sie nicht auf. ...
Ich habe lieb, die mich lieben,
und die nach mir suchen,
werden mich finden. ...
Als der HERR die Grundfesten der Erde legte,
da war ich als Liebling ihm zur Seite,
war lauter Entzücken Tag für Tag
und spielte vor ihm allezeit
spielte auf seinem Erdenrund
und hatte mein Ergötzen an den Menschenkindern. (Sprüche 8)

Was Paulus von seinem offenen und freien Reden sagt, gilt jetzt für die heilige Schrift. Sie kommt in Offenheit zu uns. Sie ist keine Geheimlehre, zu der nur Eingeweihte Zutritt haben. Das ist ein heute wieder gern verwendeter Trick, daß man sich zuerst einkaufen muß, um an das esoterische Wissen heranzukommen. Die Bibel liegt offen da. Sie setzt sich der Infragestellung aus. Sie läßt sich kritisch auch von Nichtglaubenden lesen. Sie verschafft sich die Autorität nur aus sich selbst. Es hat keinen Sinn, einem Menschen zuerst die Güte und Bedeutung der Bibel beweisen zu wollen. Ich kann nur sagen: Nimm und lies! Und laß dir - wo nötig - bei der Lektüre helfen. Dann spricht sie für sich selbst.

Mütterlich stillend

Läßt sich der schöne Vergleich mit der Stillenden, die sich ihres Kindes annimmt, auch auf die Bibel übertragen? Ich würde bejahen, insofern sie uns geistlich mit dem Wort nährt. Aber ich will es nicht überdehnen. Wenn wir verstehen, was Paulus meint, dann wirkt seine Zuwendung auf uns weiter.

Paulus spricht von der Amme und nicht der Mutter, aber dennoch von ihren Kindern. In einem Kommentar lese ich, Paulus drücke sich ungeschickt aus und es fehle ihm das aus der Anschauung stammende Verständnis. Das kann ich mir, auch wenn er nicht Vater und Großvater war, schlechterdings nicht vorstellen. Er wußte den Unterschied zwischen stillenden Ammen und stillenden Müttern. Er redet von der Amme, weil er nicht die natürliche Abstammung betonen will. Er hat die Gemeinde nicht geboren. Sie ist aus dem Wort Gottes geboren. Später wird Paulus der Korinther Gemeinde schreiben, er hätte sie gezeugt (1. Kor 4, 15) und den Galatern wird er sagen, er leide um sie Geburtsschmerzen, bis Christus in ihnen Gestalt gewinne. Jetzt geht es ihm darum, daß er sie nährt. Darum ist diese Stillende und Ernährende die Amme. Sie nimmt die Kinder dennoch wie ihre eigenen an. Sie hat sie nicht weniger gern, auch wenn sie sie nicht geboren hat.

Das Gleichnis von der Stillenden sagt auf herrliche Weise, daß das Evangelium die lebensnotwendige Nahrung ist, die wir brauchen. Und es zeigt uns: Wer das Evangelium weitergibt, stillt das sehnliche Verlangen des Menschen und saugt ihn nicht aus.

Väterlich ermutigend

Wenn Paulus auch noch den Vergleich mit dem Vater bringt, hat das nichts mit Gendergerechtigkeit zu tun. Diese Sorge hat der Apostel noch nicht. Er spricht jetzt noch vom Vater, weil das Verhältnis von Vater und Kind nicht gleich ist wie zwischen Kind und Mutter. Für die Mutter ist ja das Kind - nach Schleiermachers Ausspruch, den ich hier auch schon zitiert habe - ein Inneres und es muß ein Äußeres werden. Dem Vater ist das Kind zuerst ein Äußeres, das ein Inneres werden muß. So sagt Paulus, er sei einem jeden von ihnen wie ein Vater seinen Kindern gegenüber gewesen. Dieses Verhältnis lebt nicht aus der biologischen Evidenz. Es ist erst eine kurze Zeit, daß die Vaterschaft genetisch nachgewiesen werden kann. Aber der Vater bekennt sich zu seinem Kind. Es geht ihn unbedingt an. Darum zielt der Vergleich mit dem Vater auf die Anerkennung, Ermutigung und Mahnung.

Damit ihr euer Leben führt würdig des Gottes, der euch berufen hat in sein Reich und seine Herrlichkeit - sagt uns mit apostolischer Autorität das Schriftwort. Aber noch viel mehr als mit Autorität spricht es uns - mütterlich die tiefste Sehnsucht unseres Lebens stillend - die Berufung in das Reich Gottes neu zu. Und väterlich ermahnt es uns, dieser Berufung entsprechend zu leben. Und wo der Weg schwierig wird oder sogar in ein Leiden hineinführt, werden wir ermutigt und getröstet.

GOTTES GEIST IN EUCH

aus Römer 8 und 1. Korinther 12 und 2. Korinther 3

Ihr aber seid nicht im Fleisch, sondern im Geist, wenn denn Gottes Geist in euch wohnt. Wer aber Christi Geist nicht hat, der ist nicht sein. Wenn aber Christus in euch ist, ist der Leib zwar tot der Sünde wegen, der Geist aber ist Leben der Gerechtigkeit wegen. Wenn aber der Geist dessen, der Jesus von den Toten auferweckt hat, in euch wohnt, wird der, der Christus von den Toten auferweckt hat, auch eure sterblichen Leiber lebendig machen durch seinen Geist, der in euch wohnt.

Wir feiern Pfingsten, indem wir uns darauf besinnen, daß die christliche Existenz durch den Geist Gottes bestimmt ist. Ein Christenmensch ist, wer den Geist Christi hat. Das Wort des Paulus an die Römer sagt uns: Ihr *seid* im Geist. Er stellt also unsere christliche Existenz nicht in Frage. Dennoch unterlasse ich den Versuch, an uns selber den Geist als das Merkmal unserer christlichen Identität darzustellen, sondern ich versuche zusammenzutragen, was Paulus vom Geist sagt. Er hat den Philippern geschrieben: *Ahmet miteinander mein Beispiel nach* (3, 17). Und den Korinthern rät er - wie er sagt - nach seiner *Meinung* und fügt dann, nachdem er seine Meinung gesagt hat, an: *Ich halte aber dafür, daß auch ich Gottes Geist habe* (1. Kor 7, 40). Paulus und seine Worte werden das Beispiel eines Lebens im Geist. Ich sehe ihn auf seinen weiten Reisen, zuerst über Zypern nach Kleinasien; dann durch Mazedonien nach Griechenland; schließlich auf einer stürmischen Fahrt nach Rom, wo sich die biblische Spur verliert, doch bis heute vor den Mauern der ewigen Stadt die Kirche steht, die über seinem Grab gebaut wurde. Zeigt sich im Tempo seiner Missionstätigkeit die Kraft des Geistes? In seiner unermüdlichen Arbeit? Bin ich so dynamisch? Habe ich ein solches Charisma? Solche Begabung und Kraft? Eine solche Bescheidenheit der Lebensführung? Und zugleich solch kämpferischen Antrieb? Paulus als Vorbild wird mich überfordern. Doch so, wie er spricht und seine eigene Existenz darin vorkommt, ist sein Beispiel näher, als ich denke. Er verbirgt seine menschliche Schwäche nicht. Beispielhaft und nachahmenswert ist nicht sein einmaliger Lebensweg und seine unverwechselbare Geschichte, sondern wie er durch den Geist sein Leben führte. Ich greife vier Worte des Paulus heraus, die uns den Geist zusprechen und uns zeigen, wie er das Merkmal unseres Christenlebens ist.

Niemand kann sagen: Herr ist Jesus! außer im heiligen Geist.

Am Anfang stehe ein Wort aus dem ersten Korintherbrief (12, 3). Wer als ein Zeugnis vom Geist Gottes das Beispiel einer gewaltigen Kraft erwartet, welche die Menschen in Massen erfaßt und in Bewegung setzt, wird enttäuscht sein, auf ein kurzes Bekenntnis zu stoßen: Herr ist Jesus! Im Griechischen sind es nur zwei Wörter: "Kyrios Jesous" - die Bezeichnung Herr und der Name dessen, der diese Stellung hat. Wem die Herrschaft zukommt, ist in unserer Welt umstritten. Wer sich in ihr umschaut, kommt nicht auf die Idee, als den Herrn gerade Jesus zu nennen. Es gibt viele Mächte, die einen Herrschaftsanspruch auf uns erheben. Und oft genug will das eigene Ich selber Herr sein. Jesus wird es nur im Glauben als den Herrn bekennen. Nur im heiligen Geist wird es geschehen.

Paulus rührt an das Geheimnis, daß ein Mensch in Jesus dem lebendigen Christus und Herrn begegnet. So wie Maria Magdalena Jesus erkannte, als er sie bei ihrem Namen rief und sie ihm antwortete: Rabbuni, mein Meister! - in dieser "Magdalenasekunde" (wie Philip Roth formuliert hat), da sie den gekreuzigten Jesus als den Lebendigen wiedererkannte! So wie Thomas die Wundmale des Auferstandenen sah und glaubte: Mein Herr und mein Gott! Dieser Augenblick der Begegnung, wenn ein Mensch Jesus den Herrn nennt und der Glaube Raum gewinnt, ist nicht ohne den Geist möglich. Das ist der heilige Gottesgeist. So still und unscheinbar steht seine große Kraft hinter einem kleinen Wort des Bekennens und noch kurzen Schritten des Glaubens.

Der Herr ist der Geist. Wo aber der Geist des Herrn ist, da ist Freiheit

Etwas später schreibt Paulus den Korinthern wieder (2. Kor 3, 17). Er redet anhand einer Stelle aus dem Alten Testament (Ex 34) noch einmal von der Begegnung mit Gott, von Mose, der auf dem Gottesberg in der Herrlichkeit des Herrn stand. Mose kam herab und verhüllte sein Gesicht, damit das Volk vom Glanz, der noch auf ihm lag, nicht geblendet würde. Bis zum heutigen Tag, sagt Paulus, bleibt wie damals auf dem Gesicht des Mose eine Decke über dem Alten Testament, wenn es in der Synagoge verlesen wird; nur in Christus wird sie beseitigt. Wenn wir uns ihm zuwenden, verschwindet die Verhüllung und das Wort geht uns auf. Der Herr aber, das ergänzt nun Paulus, der Herr, dessen Widerschein auf Moses' Gesicht lag, ist der Geist.

Zu diesem Geist Gottes gehört die Freiheit und der Freimut vor allen Menschen. Der Geist gibt uns das Recht davon zu reden und auch in der Öffentlichkeit alles zu sagen, was in Jesus geschehen ist. (Nichtwahr: Nach unserer Tradition sind wir verschämt und finden vielleicht öffentliche Plakate mit einem Jesusbekenntnis peinlich. Ich empfinde aber die Zeitungsinserate mit Bibelsprüchen, die wir durch die Basler Bibelgesellschaft mittragen, inzwischen als ein Stück dieser Parrhesia, dieses Rechts zur Offenheit.) Im Tiefsten gründet die Offenheit gegenüber den Menschen in der Freiheit vor Gott. Es ist das Geschenk des Geistes, daß ich offen vor Gott stehen darf, obwohl ich doch im Gericht nie vor ihm bestehen könnte. Weil Gott durch Christus uns seinen Geist gibt, der Freiheit schafft, darum dürfen wir die Herrlichkeit des Herrn in der Offenheit widerspiegeln. Wie Mose. Auch er konnte die Herrlichkeit Gottes mit seinen menschlichen Augen nicht sehen. Niemand kann das. Aber er reflektierte den Glanz, der ihn getroffen hatte. Paulus sagt: Wir werden in dieses Bild des Mose verwandelt.

Ist es noch nötig zu sagen, daß diese Freiheit des Geistes nicht bedeutet, daß ich nur nach meinem eigenen Willen und Wunsch handeln kann? Mein Geist ist nicht mit dem heiligen Geist zu verwechseln.

Der Geist hilft unserer Schwachheit auf

So ist das Verhältnis zwischen unserem Geist und dem Geist Gottes. Paulus schreibt den Römer Christen. Im achten Kapitel dieses gewaltigen Briefes redet er noch einmal vom Geist. Er beginnt mit der Freiheit, die in Christus durch den Geist geschenkt ist: *Keine Verurteilung also gibt es jetzt für die, die in Eins mit dem Messias Jesus sind.* Das ist der Freimut, die Freiheit eines Christenmenschen. *Ihr seid im Geist, wenn denn Gottes Geist in euch wohnt.* Eine Wohnung Gottes im Geist, - so wird es in einem späteren Brief heißen. Ich verstehe das Bild wörtlich, wie es schon Jesus gebraucht hat, wenn er von den Dämonen, den bösen Geistern sprach, die in das Haus eines Menschen eindrigen: Ich bin nur das Haus. Wer bewohnt mich? Ich bin jedenfalls in mir nicht nur mein eigener Bewohner. Es ist uns verheißen: Gottes Geist wohnt in euch. Ich selber mache freilich ganz andere Erfahrungen. Da wohnen immer noch andere Geister und auch rausgeworfene Gäste kommen von hinten wieder rein. Ich erlebe mich selber nicht als den frei vor Gott stehenden Menschen, der wie Jesus betend in der Gemeinschaft mit Gott ist. Paulus spricht es aus: *Wir wissen nicht, was wir beten sollen, wie es sich gebührt; aber der Geist selbst tritt für uns ein mit unaus-*

sprechlichem Seufzen. Dieser gute Gast in unserm Haus, ruft mit uns und für uns zu Gott. Wir haben wohl Worte für unsere Nöte. Wir haben unsere Wünsche und auch die Hoffnung. Aber für unser Heil und für die Erlösung, ohne die wir verloren sind, finden wir keinen Ausdruck, wie es Gott gemäß wäre. Wer kann das ewige Leben in Worte fassen? Der Geist übersetzt unser Beten, das oft genug nur ein ohnmächtiges Stöhnen ist, in für uns unaussprechliche Worte, die zu Gott dringen. So hilft der Geist unserer Schwachheit auf. Die Geistkraft ist noch einmal etwas fast enttäuschend Unscheinbares und für uns nicht Faßbares. Und doch absolut entscheidend, weil jedes menschliche Beten grundsätzlich in Frage gestellt ist, ein aussichtsloses Selbstgespräch und sinnloses Plappern zu sein. Der Geist hilft unsrer Schwachheit auf. Er bringt unsere wahre Hoffnung vor Gott.

Welche der Geist Gottes treibt, die sind Gottes Kinder

Zuletzt redet Paulus vom Geist als der treibenden Kraft. Noch einmal verbindet sich damit nicht eine enthusiastische Begeisterung, die in einer Stimmung zum Ausdruck kommt, die mich wegträgt und über alle materiellen Bindungen hinaus irgendwo schweben läßt. Paulus spricht weiter von der Freiheit. Aber nun betont er, daß es die Freiheit von der Sünde ist. Ihr seid nicht mehr Schuldner gegenüber euch selbst, wie ihr euch von Gott losgelöst und auf euch selber gestellt habt. Frei ist jetzt nicht der, der tut, was er will. Sondern wer tut, was Gottes Geist mit ihm will.

Luther hat übersetzt, daß der Geist uns treibt. Das könnte so verstanden werden, daß unsere natürlichen fleischlichen Triebe durch einen geistlichen ersetzt werden. Dem ist aber nicht so. Paulus redet von denen, die sich vom Geist *führen* oder *leiten* lassen. Der Geist zwingt uns nicht. Unsere Triebe zwingen dazu, befriedigt zu werden. Der Hunger, der Durst und der Geschlechtstrieb sorgen dafür, daß ihre Befriedigung wiederholt wird und das Leben sich fortpflanzt. Manches spricht dafür, daß diese Triebe ein stummes und verborgenes Gegenbild haben: Es waltet ein Drang zum Tode, der das Lebendige in die Auflösung treibt.

Der Geist ist kein Trieb und die vom Geist geleiteten Menschen streifen ihre leibliche Existenz und die Triebe nicht ab. Doch können sie in der ihnen geschenkten Freiheit die Dinge unterlassen, zu denen sie der Geist nicht hinführt. Was unser Leib will, ist nicht immer das, was gut für uns ist. *Denn wenn ihr nach dem Fleische lebt* - sagt Paulus, *müßt ihr sterben.*

Doch: *Welche der Geist Gottes treibt, die sind Gottes Kinder.* "Soviele" heißt es wörtlich. Das bedeutet: Nur die, die sich der Leitung des Geistes überlassen, sind Kinder Gottes. Ein Kind aber muß nicht um die Anerkennung kämpfen. Es ist auch Erbe und bekommt an Gottes Herrlichkeit Anteil.

Paulus beschreibt das nicht so, daß der Geistbesitz (und also die Taufe, in der uns der Geist geschenkt wird) die Menschen erst zu Kindern macht. Wenn wir uns Gottes Geist überlassen, sagt er unserm Menschengeist, daß wir Gottes Kinder sind. Der heilige Geist macht uns dessen gewiß, wozu uns der Vater in seinem Sohn schon gemacht hat, ehe wir da waren.

So haben wir keinen Sklavengeist bekommen. Wir müssen nicht wie unter der Sünde Angst haben. Wir haben Ehrfurcht vor Gott. Aber keine Angst. Ich habe die schöne Formulierung gefunden: "Der Knecht freut sich, wenn der Herr geht; das Kind freut sich, wenn der Vater kommt" (Eugen Zeller nach Ernst Gaugler, Der Brief an die Römer, Zürich 1945, I, 288f.) Im Geist rufen wir Abba! Lieber Vater! Nur aus der Menschennatur und der Kenntnis unserer Welt kämen wir nie dazu, von einem "Vater überm Sternenzelt" zu reden. Es ist Gott selber, der dir durch seinen Geist sagt: Du bist mein! Du bist mein geliebtes Kind!

WIRKUNG DES GEISTES

Apostelgeschichte 13, 1-4 und 14, 8-20

In Antiochia (in Syrien) waren, zur dortigen Gemeinde gehörend, Propheten und Lehrer: Barnabas und Simeon, genannt Niger, Und Lucius von Cyrene und Manahen, ein Jugendgefährte des Vierfürsten Herodes, und Saulus. Als sie nun dem Herrn Gottesdienst hielten und fasteten, sprach der Heilige Geist: Sondert mir doch Barnabas und Saulus zu dem Werk aus, zu dem ich sie berufen habe! Da fasteten und beteten sie, legten ihnen die Hände auf und ließen sie ziehen. Sie nun zogen vom Heiligen Geist ausgesandt hin ...

Sie kommen zuerst nach Zypern, dann ins kleinasiatische Antiochien in Pisidien und nach Ikonium; schließlich nach Lystra.

Und in Lystra saß ein Mann ohne Kraft in den Füßen, lahm von Mutterleib an, der nie hatte gehen können. Dieser hörte den Paulus reden; und als der ihn anblickte und sah, daß er den Glauben hatte, er könne gerettet werden, sprach er mit lauter Stimme: Stelle dich aufrecht auf deine Füße! Und der sprang auf und ging umher. Und als die Volksmenge sah, was Paulus getan hatte, erhoben sie ihre Stimme und sagten auf lykaonisch: Die Götter sind den Menschen ähnlich geworden und zu uns herabgestiegen. Und sie nannten den Barnabas Zeus, den Paulus aber Hermes, weil er der Wortführer war. Und der Priester des vor der Stadt liegenden Tempels des Zeus brachte Ochsen und Kränze an die Tore und wollte samt der Volksmenge opfern. Als die Apostel Barnabas und Paulus das hörten, zerrissen sie ihre Kleider, sprangen unter das Volk hinaus und riefen laut: Ihr Männer, was macht ihr da?Auch wir sind Menschen von gleicher Art wie ihr, und wir verkündigen euch das Evangelium, daß ihr euch von diesen Götzen bekehren sollt zu dem lebendigen Gott, der den Himmel gemacht hat und die Erde und das Meer und alles, was darin ist. Er hat es in den vergangenen Geschlechtern allen Völkern überlassen, ihre eigenen Wege zu gehen. Gleichwohl hat er sich nicht unbezeugt gelassen, indem er Gutes wirkte: Vom Himmel her euch Regengüsse schenkte und fruchtträchtige Zeiten und eure Herzen füllte mit Speise und Fröhlichkeit. Mit diesen Worten konnten sie die Volksmenge kaum davon abbringen, ihnen zu opfern.

Aber da kamen von Antiochia und Ikonium Juden hinzu. Und sie überredeten die Volksmenge und steinigten Paulus und sie schleiften ihn - in der Meinung, er sei tot -

zur Stadt hinaus. Als aber die Jünger ihn rings umgaben, stand er auf und ging in die Stadt hinein. Und am nächsten Tag zog er mit Barnabas weiter nach Derbe.

Wenn wir getauft sind und der Geist Gottes in uns wohnt, wie Paulus gesagt hat, dann hat das gewaltige Folgen. Die christliche Kirche aller Konfessionen und Traditionen versteht sich als eine Gemeinschaft, die durch die Wirkung des Geistes aus dem Wort geboren wird. So sind die ersten Gemeinden in Judäa und in Syrien entstanden. Paulus gehörte nach seiner Berufung offenbar zur Gemeinde des syrischen Antiochien. Im Schoße dieser Gemeinde redet der Heilige Geist. Ich zucke bei dieser Formulierung fast zusammen. Der Anspruch einer Stimme, im Namen Gottes zu sprechen, ist uns grundsätzlich verdächtig. Freilich kann ich das Kommen des Geistes zu uns nicht ernstnehmen, wenn ich nicht damit rechne, daß Gott durch Menschenmund seinen Willen kundtut. Das Fasten und Beten zeigt, daß diese Menschen leer und offen für den Geist werden wollen. Niemand brüstet sich seiner geistlichen Fülle. In Antiochia wird ein urchristlicher Prophet oder eine Prophetin gesagt haben: Sendet den Barnabas und den Paulus aus! Lukas, der die Apostelgeschichte schreibt, streicht nicht die Prophetie heraus. Ihm ist wichtig, daß wir erkennen: Paulus geht nicht aus einer eigenen Laune auf die Reise. Daß das Evangelium über die Grenzen des Judentums hinaus zu allen Völkern kommt, ist eine Wirkung des göttlichen Geistes. Es wird sich zwar tausendfach wiederholen, daß eine Gemeinde beieinandersitzt und damit eigentlich ganz wohl ist. Wir verhalten uns nicht anders. Aber der Geist drängt über uns hinaus. Das Heil kommt von den Juden. Aber es bleibt nicht bei ihnen stehen. Die Heiden, die Völker nehmen das Evangelium an. Dieser Prozeß wiederholt sich bei uns, wobei wir immer davon überrascht werden, daß wir uns in unserm Verhalten in den Juden wiedererkennen, die auf das Evangelium skeptisch reagieren. Man hat nichts gegen die Ausstrahlung der eigenen religiösen Tradition, aber man hat etwas gegen die Mission und mißbilligt im Grund den Schritt des Paulus zu den Heiden. In dieses Klima, wie es heute bei uns herrscht, spricht die Geschichte vom Besuch des Paulus und Barnabas in Lystra.

Heil und Heilung

Seht diesen Mann von Lystra gleich am Anfang dieser Erzählung, wie er aufspringt und sich frei bewegt! Und seht den gesteinigten Paulus am Ende der Geschichte! Da liegt er, wie tot. Aber auch er steht auf. Er geht seinen Weg weiter. Dazwischen ist die heftige Bewegung des Paulus und Barnabas hinein in die Menge, um sie von ihrem falschen Opfer abzubringen. Auch das ein Sprung aus derselben Kraft. Diese Kraft ist das Evangelium Christi. Es ist das Wort, das Paulus in Lystra redet und das in dem Mann den Glauben weckt, daß er gerettet werden kann. Und das heißt wiederum ganz konkret, daß er gesund werden kann. Das Heil und die Heilung gehören zusammen. Die Heilung ist das Zeichen für das Heil. Sie zeigt an, daß Gott die Menschen retten will. Ich kann das, was Paulus nach Lystra bringt, nicht elementar genug verstehen: Das Heil kommt von Gott her und stellt einen Menschen auf seine Füße. Die Lähmung wird überwunden. Da ist einer wie gesteinigt und zerschlagen. Aber der Tod, der immer schon nach dir greift, wird gebannt und du stehst auf und setzest deinen Weg fort.

Ich sage: Ich kann es nicht elementar genug verstehen. Wenn wir zuerst den Versuch machen, zu begründen und zu erklären, warum wir erlösungsbedürftig seien, dann sitzen wir schon in der Falle. Wenn einer denkt: ich brauche keine Rettung, keinen rettenden Gott, dann wird es ihn nur langweilen, wenn ich ihm sage, daß er der Hilfe bedürftig ist. Die Bibel diskutiert nicht mit mir, ob ich Gott brauche. Sie erzählt von diesem Menschen, der gelähmt ist, und von Paulus, der gesteinigt wird. Der eine ist am Anfang am Boden, der andere am Schluß, - beinahe bleibt er es ganz. Doch nun bricht das Heil herein und die Wirkung des Geistes durchbricht die Lähmung und das Darniederliegen.

Es ist der Geist Jesu, der spricht: Steh auf! In der Ohnmacht gegenüber den Mißständen auf dieser Welt drängt es nun manche, dieser Bewegung insofern nachzuhelfen, daß sie in einen Aufstand umgeformt wird. Das Aufstehen aus der Lähmung als Rebellion gegen alles Niederdrückende. Biblische Erinnerung scheint dazu zu ermutigen. Ein Gideon bekommt die Aufforderung zu hören: *Steh auf und brich ins Lager ein!* (Ri 7,9). Muß man heute nicht auch so handeln? Ins Lager von Heiligendamm? Aber wer sich erinnert, weiß, daß Gideons Leute bis auf ganz wenige reduziert werden und daß sie soviel in den Händen haben - neben dem Schwert noch Fackeln und Krüge - daß sie gar nicht kämpfen können. Der HERR streitet für sie - "Es ist ja doch kein andrer nicht, der für uns könnte streiten, denn du, unser Gott, alleine." (Martin Luther, Verleih uns Frieden gnädiglich, RG 332). Der Kampf findet also nur mit dem Wort und dem daraus folgenden neuen eigenen Verhalten statt. Aber ohne Gewaltanwendung. Unsere Geschichte hält das Aufstehen und das Steinewerfen deutlich auseinander. Zum rechten Aufstehen gehört eher das Gesteinigtwerden.

Der Mann aus Lystra ist wahrscheinlich einer der Jünger geworden, die um den am Boden liegenden Paulus stehen. Ein Jünger Jesu. Heißt das, daß er die Religion gewechselt hat und nun andere Rituale vollzieht und einen anderen Kult? Er wird sich der kleinen werdenden Gemeinde anschließen. Er wird nicht mehr opfern, oder nur noch Dank opfern, wie es nun heißt. Oder er wird etwas für Nächste geben, wenn er jetzt auf eigenen Füßen steht und arbeiten kann. Und der Gottesdienst? Er ist eigentlich gar kein rechter Kult mehr, wie ihn die Religionen pflegen. Sie hören auf das Wort. Sie beten. Sie brechen das Brot und taufen. Und sie sind zusammen und haben Gemeinschaft.

Die Rückkehr der Religion

Doch die Religion kehrt zurück. Unser Text ist das Beispiel eines heftigen Zusammenstoßes des Evangeliums mit der Welt der Religionen. Die Bürger von Lystra reagieren als religiöse Menschen. Sie meinen, die Götter seien in Menschengestalt zu ihnen gekommen und wollen ihnen opfern. Wir werden an Ovid erinnert, der von Philemon und Baucis erzählt, sie hätten ohne es zu wissen, den Zeus und den Hermes aufgenommen und gastlich bewirtet und seien dafür belohnt worden. Unsere klassischen Dichter trauern den Göttern Griechenlands nach:

Da ihr noch die schöne Welt regieret,
An der Freude leichtem Gängelband
Selige Geschlechter noch geführet,
Schöne Wesen aus dem Fabelland -

So schaut Schiller wehmütig zurück:

Wie ganz anders, anders war es da! ...
Durch die Schöpfung floß da Lebensfülle,
Und was nie empfinden wird, empfand.
An der Liebe Busen sie zu drücken,
Gab man höhern Adel der Natur,
Alles wies den eingeweihten Blicken,
Alles eines Gottes Spur. ...

Ja, sie kehrten heim und alles Schöne,
Alles Hohe nahmen sie mit fort,
Alle Farben, alle Lebenstöne,

Und uns blieb nur das entseelte Wort. ...

(Friedrich Schiller, Die Götter Griechenlands, Werke in 10 Bd. hg. v. E. Jenny, Basel 1945, Bd. 1, 160-164)

Und von Hölderlin haben wir vielleicht noch im Ohr:

"Götter wandelten einst bei Menschen."

(Friedrich Hölderlin, Sämtliche Werke, Berlin und Darmstadt 1960, 186f.).

So sehen die Dichter in erster Linie die modern verstandene Natur als eine entgötterte und sie ahnen die heute eingetretene Zukunft einer aus dem Gleichgewicht geratenen Erde. Die Götter Griechenlands aber sind ihnen beseelte Kräfte der Natur und gestaltende Mächte dieser Welt. "Denn mit Göttern soll sich nicht messen irgend ein Mensch"- heißt es bei Goethe (Grenzen der Menschheit, Goethe's Werke. Vollständige Ausgabe letzter Hand. 2. Bd. Stuttgart und Tübingen 1827, 81f.).

Die Apostel begegnen nicht dieser schönen Sehnsucht nach einer vom Göttlichen durchwalteten Welt, wie sie den modernen Menschen heimsucht, der durch die Aufklärung hindurch gegangen ist. Im Gegenteil: Paulus wird den Leuten von Lystra sagen, daß Gott ihnen in den Kräften der Natur begegnet ist. Er hat es regnen und wachsen lassen. Was auf die Apostel zukommt, ist ein religiöser Impuls, der blind den Menschen zu vergötzen bereit ist. Man will ihnen opfern. Dieser Vorgang hat etwas Groteskes. Wir müssen nicht beurteilen, ob das historisch im Rahmen eines antiken Kultes so überhaupt denkbar ist. Lukas überzeichnet bewußt und trifft damit etwas tiefer Liegendes. Das Religiöse im Menschen interessiert sich für den Wundertäter. Es sucht das Göttliche dingfest zu machen und Orte und Gegenstände für die Verehrung zu finden. Es will Menschen als Heilige und Idole verehren. Es liebt den Guru und die Unterwerfung. Nach einem Jahrhundert der schrecklichen Diktaturen und falschen Religionen eines Hitler, Stalin und Mao, denen Millionen von Menschen geopfert wurden, verstehen wir das Entsetzen von Barnabas und Paulus über den Opferversuch. Die schlimmste Korruption ist eine korrupte Religion (so soll Reinhold Niebuhr gesagt haben). Das Wort aber, das Paulus verkündet, ist nicht das entseelte, von dem Schiller sprach. Es sucht den Menschen, um ihn zu retten und zu heilen.

Die ganz andere Globalisierung

Die Predigt des Paulus hat etwas Aufklärendes. Sie bringt zur Besinnung und fordert dazu auf, sich seines Verstandes zu bedienen. Was macht ihr da? Wir sind Menschen wie ihr alle. Wir bringen euch nur eine Botschaft. Paulus streicht nicht einmal heraus, daß das Evangelium eine wunderbare Kraft ist. Jetzt ist wichtiger, daß es sie von den Götzen umwendet zum lebendigen Gott. Die Götzen sind Nichtse, eitle, leere Einbildungen der Menschen. Paulus spricht den Göttern also jegliche wirkliche Macht ab. Die Menschen machen sie mächtig erst durch den Kult. Das Evangelium bringt darum die Menschen in die Umkehr. Und nun ist nicht von Opfern die Rede, die wir bringen müßten. Sondern von den guten Dingen, die der lebendige Gott uns gibt. Er hat die Herzen der Menschen mit Speise und Fröhlichkeit erfüllt. Es waren Zeugnisse seiner Güte. Daran hätten sie eigentlich den Schöpfer Himmels und der Erde erkennen können. Aber das war nicht der Fall. Man nahm das viele Gute je auf seine Weise.

An dieser Stelle steht etwas Bemerkenswertes im Text: *Er hat es in den vergangenen Geschlechtern allen Völkern überlassen, ihre eigenen Wege zu gehen.* Diese eigenen Wege münden jetzt in einen gemeinsamen. Das kommt uns bekannt vor. Wir sagen dem heute Globalisierung. Nur ist damit in erster Linie eine wirtschaftliche und technische Entwicklung gemeint. Die Völker der Menschen werden praktisch gezwungen, ihre eigenen Wege aufzugeben, indem ihre Wirtschaft und Kultur mit der der andern mehr und mehr verhängt ist. Wir wissen, daß diese Entwicklung nur einigen dient und andere schädigt. Wir gehören eher zu den Nutznießern. Andere protestieren dagegen und werfen Steine. Die Völker und Interessengruppen haben eben noch ihre verschiedenen Götter und Götzen. So mag man sich fragen, ob es nicht besser wäre, die Völker gingen noch ihre eigenen Wege. Ein gemeinsamer Weg wird es nur werden, wenn alle Menschen sich im Glauben, der Liebe und der Hoffnung des einen Gottes finden. Das wäre die ganz andere Globalisierung.

Gott läßt ja seine Sonne aufgehen über Böse und Gute und läßt regnen über Gerechte und Ungerechte. Und die Menschen, die in der Dürre sitzen, sind nicht schlechter als wir. Haben wir an die Güte Gottes gedacht, als es vorgestern in Strömen vom Himmel floß? *Ich gieße Wasser auf durstiges Land und rieselnde Bäche über das Trockene. Ich gieße meinen Geist aus über deine Kinder und meinen Segen über deine Sprößlinge* (Jes 44,3). ... *Ich habe dich je und je geliebt; darum habe ich dich zu mir gezogen aus lauter Güte* (Jer 31, 3). Was in diesen prophetischen Worten dem Volk Israel versprochen war, das ist in Christus uns allen zugesprochen. Das ist der Weg, der weiterführt.

GOTT MACHT KEINEN RÜCKZIEHER

Galater 2, 11-16

Als aber Kephas nach Antiochien kam, trat ich ihm ins Angesicht entgegen, weil er sich schuldig gemacht hatte. Denn bevor einige von Jakobus kamen, aß er zusammen mit denen aus den Völkern. Als sie aber kamen, zog er sich zurück und sonderte sich ab aus Furcht vor denen aus der Beschneidung. Und mit ihm zusammen heuchelten die übrigen Juden, so daß sogar Barnabas durch ihr heuchlerisches Verhalten mit fortgerissen wurde. Als ich aber sah, daß sie nicht auf dem geraden Weg auf die Wahrheit des Evangeliums zugingen, da sagte ich zu Kephas vor allen: Wenn du, der du ein Jude bist, wie die aus den Völkern und nicht jüdisch lebst, wie kannst du da die Völker nötigen, nach jüdischer Art zu leben? Wir sind von Natur aus Juden und nicht aus den Völkern stammende Sünder. Doch wir wissen, daß kein Mensch aus Gesetzeswerken gerecht wird, sondern nur durch den Glauben an Jesus Christus. Auch wir sind an Christus Jesus gläubig geworden, damit wir aus dem Glauben an Christus gerecht werden und nicht aus Gesetzeswerken; denn aus Gesetzeswerken wird kein fleischlich Wesen gerecht.

Gott macht keinen Rückzieher. Was in der Kreuzigung und Auferstehung Jesu geschehen ist, kann niemand zurücknehmen, und keine Entwicklung der Religionsgeschichte kann es überholen. Gott hat das in Jesus gesprochene Wort nicht zurückgenommen. Wir sind durch den Glauben an Jesus gerecht und nicht durch die Erfüllung der religiösen oder moralischen Verpflichtung. Und seien es die Zehn Gebote oder die Menschenrechte oder die schönsten religiösen Bräuche und die ehrwürdigsten Institutionen. Allein der Glaube an Christus - das ist das Evangelium, von dem dieser Text des Paulus redet. Und ebendies nicht aus den Augen zu verlieren, das ist der gerade Weg. Wir waren in Gefahr, diese Zusage der unerhörten Freiheit, in die wir versetzt sind, für selbstverständlich zu nehmen und vielleicht auch, sie da und dort zu mißbrauchen. Wir haben den Glanz des Evangeliums nicht mehr gesehen, in dem uns die Freiheit eines Christenmenschen geschenkt ist: Ich darf an Jesus glauben und in ihm ein versöhntes Verhältnis zu Gott haben; nicht nur etwas Göttliches ahnen, sondern ganz zu Gott gehören. Ich bin ganz in die Gottesliebe eingehüllt und nicht nur dazu angehalten, sie zu suchen und mich anzustrengen, sie zu erringen. Die Anstrengung und die Sorge um das rechte Leben wird mich auch beschäftigen. Aber ob ich meine Aufgabe erfülle oder scheitere, ändert nichts an dem geheilten Gottesverhältnis. Ist uns die Freude darüber und die Dankbarkeit dafür abhanden gekommen? Jedenfalls zeigt die Epoche, in der wir jetzt leben, vielfach eine Bewegung des Rückzugs. Man schließt sich in das Regelwerk ein, das die eigene Identität schützen und bewahren soll. Plötzlich muß wieder die Erfüllung des Gesetzes ausschlaggebend sein. Die andern bleiben draußen. Dieser Vorgang, den wir im religiösen Leben beobachten können, ist nicht neu. Die Stelle aus dem Galaterbrief zeigt uns, daß dieser Rückzug schon die frühe Kirche bedroht hat, daß ihm aber Paulus entgegengetreten ist. Der Zwischenfall von Antiochien bleibt beispielhaft für die Gefährdung der Einheit der Kirche und dieses Tisches, an dem wir das Abendmahl oder die Eucharistie feiern. Es war der leise Rückzug, der sie gefährdete. Und es war das offene, ja harte Wort, das dem Kephas, dem ersten Jünger und Apostel Petrus vor versammelter Gemeinde deutlich gesagt wurde, das die Freiheit des Evangeliums und die Einheit der Kirche rettete. Wir denken über den Zwischenfall nach, wie Petrus sich und unsere Rückzieher verteidigen könnte, wie Paulus ihn und uns zurückruft und wie das Essen an diesem Tisch die Liebe freisetzt, die des Gesetzes Erfüllung ist.

Der Zwischenfall von Antiochien

Paulus erinnert im Galaterbrief an Gespräche, die in Jerusalem stattgefunden hatten. Da hatten sich Petrus und Jakobus, der leibliche Bruder des Herrn Jesus, und Johannes also die maßgebenden Apostel der Urgemeinde einerseits mit ihm, Paulus, und Barnabas andererseits verständigt. Strittig war, ob die Christen, die aus den Völkern stammten - sogenannte Heidenchristen, zum Beispiel Griechen oder Syrer, die mosaische Tora übernehmen mußten oder nicht. Paulus erinnert daran, daß sein Begleiter Titus, ein Grieche, nicht zur Beschneidung gezwungen wurde. Petrus und Jakobus, der offenbar in Jerusalem der Leiter der Gemeinde war, gestanden Paulus zu, daß er zur Mission unter den Völkern berufen sei so wie sie unter den Juden. Sie machten ihm nur die Auflage, an die Armen der Urgemeinde zu denken. Das hat Paulus später in Korinth mit einer Kollekte für Jerusalem getan. Die Gemeinschaft, sagt Paulus, sei mit einem Handschlag besiegelt worden.

Aber da kommt es in Antiochien zu einem Zwischenfall. Die christliche Gemeinde dieser syrischen Stadt ist bunt gemischt. Es gehören zu ihr nicht nur Juden, sondern hier zum ersten Mal auch Griechen und Angehörige der vielen vorderorientalischen Völker, die sich in dieser Weltstadt begegnen. Judenchristen und Heidenchristen bilden hier eine untrennbare Gemeinschaft. Offenbar hat bei einem Besuch Petrus diese Gemeinschaft geteilt. Er ißt zusammen mit Nichtjuden und vernachläßigt also die Speisegebote. Der gemeinsame Glaube an Christus gibt die Freiheit von dem Gesetz. Plötzlich aber sind ein paar Vertreter der Jerusalemer Christengemeinde anwesend. Hat Jakobus sie geschickt, um zu kontrollieren, wie sich Petrus verhält? Oder handeln sie aus eigenem Antrieb? Sie sind Judenchristen und sehen, wie Petrus mit den andern Gemeinschaft hat. Petrus fürchtet diese jüdischen Brüder. Fürchtet er die Autorität des Jakobus? Nur, Petrus selber ist schließlich nicht irgendeiner, sondern der Felsenmann, auf den Jesus bauen wollte. Trotzdem fällt er um. Er zieht sich vom Tisch mit den Heidenchristen zurück. Da in der Anfangszeit das Abendmahl im Zusammenhang eines ganzen Essens gefeiert wird, bedeutet es gewiß, daß Petrus die Abendmahlsgemeinschaft mit dem nichtjüdischen Teil der Gemeinde verläßt. Wenn er nur eine Schüssel mit nichtkoscherem Essen auf die Seite schieben würde, geschähe wohl nichts. Nein, er hält sich vom Abendmahl fern. Er sagt nichts. Er erläßt noch keine Verlautbarungen oder Enzykliken. Er ist nicht Papst. Aber er ist der erste der Jünger und Apostel und macht nun diesen Rückzieher. Die schnellen Folgen zeigen sich daran, daß sogar Barnabas, der Begleiter des Paulus, mitgerissen wird. Es droht die Spaltung der Antiochener Kirche.

Da greift Paulus ein. Er tritt dem Petrus vor versammelter Gemeinde, vor den Christen aus Juden und andern Völkern, entgegen und stellt ihn zur Rede. Wie kannst du, der du von Geburt ein Jude bist und selber längst nicht mehr jüdisch lebst, die nichtjüdischen Christen dazu zwingen nach der jüdischen Norm zu leben? Wir wissen doch, daß kein Mensch vor Gott treten und sagen kann: Ich erfülle deinen Willen. Ich halte dein Gesetz. Niemand ist aus seinem Tun gerecht. Wir sind es allein aus dem Glauben an Jesus. Das weißt du doch! Das war doch unser gemeinsamer Grund, der uns gelegt ist.

Petrus verteidigt den Rückzieher

Ich stelle mir vor, daß sich Petrus verteidigt: "Wir sprechen euch den Christusglauben nicht ab. Ihr seid auch getauft. Paulus, du darfst ja zu den heidnischen Völkern gehen. Wir aber gehören mit der Urgemeinde zusammen. Auch als Christen bleiben wir Juden und müssen das Gesetz einhalten. Wir haben abgemacht, daß ihr davon frei seid, aber nicht wir. Ich muß diese meine Geschwister stärken. Für sie muß ich auf die

Teilnahme an einem Essen verzichten, das nicht den Speisegeboten entspricht, damit sie nicht Anstoß nehmen."

Oder hat Petrus geschwiegen und seine Schuld zugegeben? Ich weiß es nicht. Die judenchristlichen Gemeinden haben nicht lange überlebt. Damit ist der Zwischenfall aber nicht erledigt. Die Erfahrung zeigt uns, daß der Rückzieher sich in immer neuen Varianten wiederholt. Es geht nicht mehr um Speisegebote oder Beschneidung. Aber die Kirche hat bald das Priestertum, das es ursprünglich in der Christengemeinde nicht mehr gab, wieder eingeführt. Die Reformation ging auf den Ursprung zurück und schaffte es ab. Immer wieder erleben wir genau an dieser Stelle, daß sich Christen anderer Konfessionen zurückziehen, weil uns das gültige Priesteramt fehle.

Der Rückzug in das Eigene, in die schutzbietende Gemeinschaft der Gleichen ist an sich etwas Natürliches. Ich kann dazu stehen, insofern es zu meinen menschlichen Grenzen, ja Schwächen gehört. Aber ich kann es nicht als den geraden Weg rechtfertigen. Ist der Rückzieher typisch für unsere Zeit, in der viele Menschen vor einem verbindlichen Wort zurückschrecken? Die schon besprochene kirchliche Trauung wird abgesagt. Ein begonnener Glaubensweg versandet. Gewonnene Freiheit wird von der Angst wieder erstickt. Ach, es ist alles zu verstehen, und dieses Menschliche ist uns nicht fremd. Aber dem Evangelium ist es stracks zuwider, wenn der Tisch des Abendmahls dazu mißbraucht wird, die Kirche Jesu Christi zu teilen und die Freiheit der Gemeinschaft in Christus zurückzunehmen, in der nicht mehr Jude oder Grieche gilt, Mann oder Frau, Sklave oder Freier, schwarz oder weiß, Priester oder Laie.

Paulus ruft uns zurück

Paulus ruft uns zur Besinnung zurück an den Ort, den wir durch Jesus vor Gott gefunden haben. Wir sind nicht dorthin gelangt, weil wir das getan hätten, was von uns gefordert ist. Niemand erweist sich durch die Erfüllung des göttlichen Gebotes als gerecht und gut. Sondern Gott ist uns in Christus entgegengekommen. Er hat sich zu uns Sündern an den Tisch gesetzt, mit uns gegessen und getrunken und sich selber uns im Brot und Becher geschenkt. Und er hat sich nicht wieder von diesem Tisch zurückgezogen. Er hat ihn auch nicht mit religiösen und rituellen Geboten belegt. Er kommt, wenn wir ihm Raum lassen, neu in unser Haus und macht unsern Tisch zu dem seinen, an dem wir Gnade um Gnade empfangen.

Der Rückzieher stellt diese Gnade in Frage. Er bedeutet nicht eine auch mögliche Variante des christlichen Glaubens, sondern seine völlige Preisgabe. Darum tritt Paulus dem Petrus so heftig entgegen. Es ist die Sache, welche diese Deutlichkeit erfordert. Wir dürfen es nicht mit dem Temperament der Apostel erklären und den Petrus zu einem wankelmütigen Gefühlsmenschen und den Paulus zu einem rechthaberischen Eiferling machen.

Es gibt ein wunderbares Bild von Rembrandt (ich habe es in Berlin gesehen; es gehört aber einem Museum in Australien), auf dem Paulus über der aufgeschlagenenen heiligen Schrift mit Petrus im Gespräch ist. Zwei ernste, bärtige Männer. Das Licht, das auf den Gesichtern liegt, kommt nicht von außen. Es strahlt von dem Wort aus, über das sie gebeugt sind und von da fällt es auf den nackten Fuß des Petrus: *Dein Wort ist meines Fußes Leuchte und ein Licht auf meinem Wege.* So ruft Paulus den Petrus zurück auf den geraden Weg.

Der Tisch, der die Liebe freisetzt

Es wäre ein Mißverständnis, Paulus vorzuwerfen, sein Evangelium würde eine billige Gnade anbieten und die Menschen in die Gesetzlosigkeit treiben. Luther betont, daß alles darauf ankommt, das Evangelium und das Gesetz recht zu unterscheiden. "So aber sind sie zu unterscheiden, daß du das Evangelium in den Himmel setzest, das Gesetz aber auf die Erde, daß du die Gerechtigkeit des Evangeliums himmlisch und göttlich nennst, die Gesetzesgerechtigkeit aber irdisch und menschlich, und so sorgfältig sollst du Evangeliumsgerechtigkeit und Gesetzesgerechtigkeit unterscheiden, als Gott sorgfältig Himmel und Erde getrennt hat, das Licht von der Finsternis..." "... du lebst noch auf der Erde, da arbeite der Esel, diene und trage seine ihm auferlegte Last; das ist, der Leib mit seinen Gliedern sei dem Gesetz unterworfen. Wenn du aber in den Himmel steigst, dann laß den Esel mit seiner Last auf der Erde." (Galaterbrief-Auslegung, 80, WA 40 I, 207f.). Das ist schön gesagt. Aber kann ich so auf Himmel und Erde verteilen? Paulus vollzieht, so viel ich sehe, eine andere Bewegung: Das Gesetz hat zuerst überhaupt gar nichts mehr zu sagen; auch dem alten Esel nicht. Aber an dem Tisch, an dem wir in Christus geistlich-leiblich Gemeinschaft haben, teilt Christus seine Liebe mit uns und stärkt uns zu den Werken der Liebe. Und sie sind des Gesetzes Erfüllung. Um der Liebe willen könnten durchaus die Heiden koscher zu essen beginnen und die Juden könnten darauf verzichten. Die Katholiken könnten mit uns Abendmahlsgemeinschaft haben und uns als vollwertigen Teil der einen apostolischen Kirche respektieren. Und wir könnten ein Petrusamt, das sich die offene Kritik des Paulus gefallen läßt, als einen Dienst an der Einheit anerkennen. Die Liebe hat einen langen Atem. Sie spielt sich nicht auf, um andere zu beherrschen. Sie handelt nicht respektlos andern gegenüber und ist nicht egoistisch. Sie freut sich nicht über die Ungerechtigkeit. Sie freut sich aber mit an der Wahrheit.

ZU SPÜREN UND ZU FINDEN
Apostelgeschichte 17, 16-34

Während Paulus in Athen auf sie (Silas und Timotheus) wartete, wurde sein Geist in ihm aufgereizt, da er sah, daß die Stadt voll Götterbilder war. In der Synagoge sprach er dann mit den Juden und den Gottesfürchtigen, und auf dem Marktplatz unterhielt er sich täglich mit den Vorübergehenden.
Auch etliche aus dem Kreis der epikureischen und stoischen Philosophen ließen sich auf das Gespräch mit ihm ein, und einige sagten: Was will dieser Schwätzer eigentlich? Andere dagegen: Er scheint ein Verkünder fremder Gottheiten zu sein. Er verkündigte nämlich die Heilsbotschaft von Jesus und von derAuferstehung. Sie nahmen ihn mit, führten ihn auf den Areopag und sagten: Können wir erfahren, was für eine neue Lehre das ist, die du da vorträgst? Befremdliches bringst du uns zu Ohren; wir möchten erfahren, worum es da geht. Alle Athener und die Fremden, die sich dort aufhalten, tun nämlich nichts lieber als letzte Neuigkeiten austauschen. Da stellte sich Paulus hin, mitten auf dem Aeropag, und sprach:
Männer von Athen! Ihr seid – wie ich sehe – besonders fromme Leute! Denn als ich umherging und mir eure Heiligtümer anschaute, fand ich auch einen Altar, auf dem geschrieben stand: Dem unbekannten Gott. Was ihr da verehrt, ohne es zu kennen, das verkündige ich euch.
Der Gott, der die Welt geschaffen hat und alles, was darin ist, er, der Herr des Himmels und der Erde, wohnt nicht in Tempeln, die von Menschenhand gemacht sind, er läßt sich auch nicht von Menschenhänden dienen, als ob er etwas nötig hätte; er ist es ja, der allen Leben und Atem und überhaupt alles gibt. Aus einem einzigen Menschen hat er das ganze Menschengeschlecht erschaffen, damit es die Erde bewohne, so weit sie reicht. Er hat ihnen feste Zeiten bestimmt und die Grenzen ihrer Wohnstätten festgelegt, damit sie Gott suchen, indem sie sich fragen, ob er denn nicht zu spüren und zu finden sei; denn er ist ja jedem einzelnen unter uns nicht fern. In ihm nämlich leben, weben und sind wir, wie auch einige eurer Dichter gesagt haben: Ja, wir sind auch von seinem Geschlecht. Da wir also von Gottes Geschlecht sind, dürfen wir nicht denken, das Göttliche sei vergleichbar mit etwas aus Gold oder Silber oder Stein, einem Gebilde menschlicher Kunst und Erfindungsgabe.
Doch über die Zeiten der Unwissenheit sieht Gott nun hinweg und ruft jetzt alle Menschen überall auf Erden zur Umkehr. Denn er hat einen Tag festgesetzt, an dem er den Erdkreis richten wird in Gerechtigkeit durch einen Mann, den er dazu bestimmt

hat, indem er ihn vor allen Menschen beglaubigte durch die Auferstehung von den Toten.
Als sie das von der Auferstehung der Toten hörten, begannen die einen zu spotten, die anderen aber sagten: Darüber wollen wir ein andermal mehr von dir hören. So ging Paulus weg aus ihrer Mitte. Einige aber schlossen sich ihm an und kamen zum Glauben, unter ihnen Dionysios, ein Mitglied des areopagischen Rates, eine Frau mit Namen Damaris und einige andere.

Allen bin ich alles geworden, damit ich auf alle Weise einige rette. So hat Paulus den Korinthern geschrieben (1. Kor 9, 22). Und so ist er nicht nur als Jude den Juden begegnet, sondern auch den Griechen in ihrer Sprache und in ihrem Denken. *Ich bin den Schwachen ein Schwacher geworden, damit ich die Schwachen gewinne.* Lukas spricht in der Apostelgeschichte auf seine Weise von dieser Bewegung und erzählt, wie das Evangelium nach Athen kommt. Und diese Stadt ist nicht nur beispielhaft für die Welt der Völker, die nicht wie Paulus selber zum Volk der Juden gehören. Athen ist die Kulturstadt par excellence, wie es die unsere doch auch gerne sein möchte. Es geht nun also auch darum, wie das Evangelium nach Basel kommt. Nicht wie eine Ware, die importiert und verkauft wird, sondern als das tiefste Geheimnis, das den Menschen nicht fern ist, auch wenn sie es nicht kennen.

Der Name ruft den Namen

Am Schluß erfahren wir, daß einige zum Glauben kamen. Zwei Namen werden genannt - Dionysios und Damaris. Sie sind jetzt mit dem Namen Jesu verknüpft. Lukas nennt den Namen Jesu zwar nur für uns Leser und Hörer, wo er uns erklärt, die Athener hätten Jesus als fremde Gottheit aufgefaßt. Aber Paulus importiert keine Gottheit und zwingt ihnen nichts auf. Darum spricht der Paulus der Apostelgeschichte zurückhaltend und ein wenig indirekt zu den kritischen Griechen auf dem Areopag, damit sie seine Rede nicht als peinlich empfinden. Er tut kund, daß der nicht ferne Gott uns Menschen in Jesus näher gekommen ist, als wir uns selber sein können. Es hat nun ein besonderes Gewicht, daß am Schluß zwei konkrete Namen stehen. Keine anonyme Menschenmasse. Aber zwei mit Jesus verbundene Menschen. Sein Name, der uns gegeben ist, ruft nun diesen konkreten, einzelnen Namen; auch dem unsern.

Athen oder Basel

Paulus kommt nach Athen und wartet auf seine Gefährten. Er geht durch die ihm noch fremde Stadt und sieht die vielen Heiligtümer, Altäre und Götterbilder. Er kommt dadurch in seinem Innern in eine starke Erregung. Vergessen wir nicht: Er ist Jude und hat das zweite Gebot ganz verinnerlicht: *Du sollst dir kein Gottesbild machen.* Packt ihn die Wut, wie die neue Zürcherbibel übersetzt? Das ist zu stark. Paulus wird bei einem Heiligtum und Altar anknüpfen, wenn er mit den Philosophen spricht. Er braucht keine bösen Worte über diese Stadt und ihre Bilder. Er bekämpft nicht die in der Stadt vorhandene Religion; schon gar nicht die der Philosophen. Aber die Erregung verrät etwas von der immensen Spannung, die darin liegt, in dieser Stadt der vielen Götter, die zugleich heute die Stadt ohne Gott ist, für den auferstandenen Christus Zeugnis abzulegen. Wo hat es da in dieser Stadt überhaupt Raum für Christus, das den Menschen zugewandte Gesicht Gottes? Sie ist so voll und reich von guten Dingen: Kunst, Wissen, Bildung, sozialem Engagement, wirtschaftlicher Kraft. Von ihr, der Wirtschaft, ist die Stadt und das Gespräch in der Öffentlichkeit mehr und mehr bestimmt. Die Bildung und der Glaube sind längst auseinandergerissen. Wann nimmt die Schule die religiöse Frage wieder ernst? Ich rede von Basel und nicht mehr von Athen. Wo hat es da Platz für Jesus?

Lukas zeichnet uns in wenigen Strichen das antike Athen: die vielen Tempel; die Frömmigkeit, die den Athenern nachgesagt wurde; die Schulen der Philosophen; der Areopag - ein Hügel und der Name eines Gerichtshofes; die Gespräche auf dem Markt, - so wie einst Sokrates sie führte; die athenische Neugier. Lukas will den gebildeten Menschen ansprechen. Wir sollen uns an Sokrates erinnern, der von seinem Daimonion sprach, der Stimme Gottes in ihm, dem man vorgeworfen hatte, er habe eine fremde Gottheit nach Athen gebracht und die Jugend verführt; er, der doch nur nach der Wahrheit fragte. Aber sie machten ihm den Prozeß und verurteilten ihn zum Tod. Er mußte den Giftbecher trinken. So weit kommt es mit Paulus nicht, aber es schwingt leise mit, wenn er zum Areopag genommen wird und dort redet. Die Epikuräer, die materialistisch denken und den Gottesglauben ablehnen, halten den Paulus für einen Schwätzer. Für die Stoiker waltet in allem der Logos, die Welt-Vernunft. Sie wollen Näheres von Paulus wissen: Redet er von neuen Gottheiten - Jesus und Anastasis, der Auferstehung? So kommt es zu dieser Rede an die Gebildeten unter den Verächtern der Religion und an die gebildeten Liebhaber eines philosophischen Glaubens.

Ja und Nein

Befriedigt die Verkündigung des Paulus die Neugier der Athener? Er führt nicht in eine neue Geheimlehre ein, sondern findet eine vorhandene Spur. Die Stadt hat einen Altar für den unbekannten Gott. Da holt Paulus die Gesprächspartner ab, die sich auf ihn eingelassen haben: Ihr achtet und verehrt, was ihr nicht kennt. Ich rede euch von diesem unbekannten Gott. Ihr steht in einem widersprüchlichen Verhältnis zu ihm. Euer Wort in dieser Sache ist Ja und Nein zugleich. Wie athenisch wir sind! Man zählt sich schon dazu und möchte die christlichen Werte der Freiheit, der Gerechtigkeit, der Verantwortung, der Nachhaltigkeit, der Gemeinschaft, der Beteiligung, der Solidarität, des Friedens und der Versöhnung achten. Aber man will dann doch zwei Herren dienen, sich immer noch eine andere Möglichkeit offen halten und nicht auf die vielen Heiligtümer verzichten. Kann ein ganzes Ja daraus werden? Und das heißt: Kehren die Menschen zu Gott um? Paulus hört nicht auf, uns so weit zu bringen.

Wer überhaupt von Gott redet, wird die Sprache, die der Paulus der Apostelgeschichte hier in Anlehnung an das Alte Testament und die Stoiker spricht, gut verstehen: Gott hat das All und alles, was darin ist, erschaffen. Er braucht keine Tempel und Opfer der Menschen, da er es ist, der das Leben und den Atem und alles gibt. Er hat den Menschen Raum und Zeit angewiesen, daß sie ihn suchen und finden sollten. Glaubenshindernisse werden weggeräumt. Gott ist einer. Er umfängt auch dich. Er ist dir nicht fern.

Näher als dir selber

Das ist nicht neu. Im Psalm 139 heißt es: *Du hältst mich hinten und vorn umschlossen.* Der Beter erkennt, daß er Gott nicht davonlaufen kann, weil dieser immer schon da ist. Und der stoische Philosoph Seneca hat gesagt: "Gott ist dir nahe, ist mit dir, ist in dir - intus est" (Ep 41,1). Es ist wichtig, daß gerade an dieser Stelle Formulierungen stehen, die den Athenern vertraut sind. *In ihm leben, weben und sind wir.* Das kommt ihnen bekannt vor. Diese Worte sind ihnen nicht fremd. Sie reden davon, daß Gott uns Menschen nahe ist. Das Zitat des heidnischen Dichters Aratus aus dem 3. Jahrhundert vor Christus unterstreicht es: "Ja, wir sind auch von seinem Geschlecht." Damit ist hier nichts anderes gemeint, als daß Gott den Menschen erschaffen hat. Der Dichter unterscheidet nicht so klar zwischen Gott und Mensch. Darüber geht unser Bibelwort großzügig hinweg, weil es nur darauf ankommt, wie nahe Gott uns ist.

Die Menschen der alten Welt scheuten sich gerade darum nicht, das Göttliche in Menschengestalt darzustellen. Hier aber ist die Konsequenz umgekehrt: Wenn unser Leben von Gott kommt, kann ein menschliches Kunstwerk auch nicht als Vergleich an die Stelle des Göttlichen treten. Es *tritt* aber einer an diese Stelle! Jetzt spricht Paulus von Jesus. Wie im Glaubensbekenntnis, wo es im sogenannten ersten Artikel heißt "Ich glaube an Gott, den Vater, den Allmächtigen, den Schöpfer des Himmels und der Erde" so geht Paulus jetzt zum zweiten: "Ich glaube an Jesus Christus". Nach den sanften Tönen vom Leben, Weben und Sein in Gott, klingt es schroff: *Er* - Gott - *hat einen Tag festgesetzt, an dem er den Erdkreis richten wird in Gerechtigkeit durch einen Mann, den er dazu bestimmt hat, indem er ihn vor allen Menschen beglaubigte durch die Auferstehung von den Toten.* "Durch einen Mann"! Das heißt: Gott sieht den Menschen in Jesus an. In ihm wird unser Gottesverhältnis offenbar. Dank sei Gott, daß es ein gnädiges Gericht ist! Denn in Jesus ist uns Gott näher, als wir uns selber sein können.

Halten wir die Gottesnähe aus?

Das Leben, Weben und Sein in Gott haben sich die Athener wohl gefallen lassen. Auch die Basler tun es. Aber über den bestimmten Mann und die Auferstehung ergießt sich schnell epikuräischer Spott und es entsteht unvermeidlich stoische Distanz. *Darüber werden wir dich ein andermal hören.* Die Nähe des Göttlichen, welche im Menschen Jesus, in seiner Stimme, seinem Wort, seinem Leiden und Sterben so konkret wird und durch die Auferstehung offenbar geworden ist, erträgt nicht mehr Ja *und* Nein. *Denn Gottes Sohn Christus Jesus* - so schreibt Paulus (2. Kor 1,19) - *war nicht Ja und Nein zugleich, sondern das Ja ist in ihm geschehen.*

Das Konfirmandenjahr, das wir jetzt beginnen, könnte sich in mancher Hinsicht mit der Rede des Paulus auf dem Areopag berühren. Hoffentlich nicht in einer spöttischen Ablehnung. Kritische Distanz schadet nichts. Von Stunde zu Stunde kommen wir auch nicht darum herum, eine Frage einmal zu vertagen. Aber letztlich läßt sich der Glaube nicht aufschieben. Denn Gott ist ja jedem einzelnen unter uns nicht fern.

DURCH EIN FENSTER IN EINEM KORB

2. Korinther 11, 16-33

Abermals sage ich: Keiner halte mich für einen Unverständigen. Wenn aber doch, so nehmt mich wenigstens als Unverständigen an, auf daß ich mich ein klein wenig rühmen mag. Was ich da sage, sage ich nicht im Sinne des Herrn, sondern in Unverstand, unter der Voraussetzung einer Lobrede. Da sich viele nach fleischbestimmter Art rühmen, will auch ich mich rühmen. Gern ertragt ihr ja die Unverständigen – da ihr ja so verständige Leute seid. Ihr ertragt es, wenn einer euch knechtet, euch auffrißt, euch einsteckt, sich überhebt, euch ins Gesicht schlägt. Ich sage es zu meiner Schande, daß wir dazu zu schwach waren. Wenn es aber einer wagt – wie in Unverstand rede ich – dann wage auch ich es:
Hebräer sind sie? Ich auch!
Israeliten sind sie? Ich auch!
Gesproß Abrahams sind sie? Ich auch!
Des Messias Diener sind sie? Übertöricht rede ich: Ich noch mehr! Ich überbiete sie an Mühen um vieles, an Einkerkerungen um vieles, an Prügeln weitüber, an Todesgefahren um viele Male. Von Juden bekam ich fünfmal die vierzig weniger einen; dreimal bin ich mit Stöcken geschlagen, einmal gesteinigt worden; dreimal hatte ich Schiffbruch, eine Nacht und einen Tag trieb ich über die Tiefe dahin. Ich war oftmals auf Reisen: Gefahren von Flüssen; Gefahren von Räubern, Gefahren vom Stammvolk, Gefahren von Völkern; Gefahren in der Stadt, Gefahren in der Einöde, Gefahren im Meer; Gefahren unter trügerischen Brüdern; in Mühe und in Strapazen, in schlaflosen Nächten oft; in Hunger und Durst, bei Fasten oftmals, in Kälte und Blöße. Was außerdem dazukommt: der Aufruhr bei mir Tag um Tag, die Sorge um alle Gemeinden. Wer ist schwach, ohne daß ich schwach bin? Wer nimmt Ärgernis, ohne daß ich feuerrot werde? Muß dennoch gerühmt sein: So will ich mich meiner Schwachheit rühmen. Der Gott und Vater des Herrn Jesus – gepriesen sei er in Ewigkeit – er weiß, daß ich nicht lüge. In Damaskus hielt der Stammesbefehlshaber des Königs Aretas die Damaszenerstadt bewacht, um mich zu verhaften. Ich wurde also durch ein Fenster in einem Korb die Mauer entlang heruntergelassen und entrann seinen Händen.

Was sagt uns dieser Abschnitt aus dem zweiten Korintherbrief des Paulus über die christliche Existenz? In einer heftigen, atemlosen Aufzählung entsteht das Bild eines Lebens. Es ist nicht ein Lebenslauf, wie man ihn sich wünschen möchte. Paulus spricht zudem im Ton einer beissenden Ironie. Und dennoch läßt mich dieses extreme Curriculum nicht in Beklemmung zurück. Es ist seltsam: Ich werde gleichsam mit Paulus durchs Fenster im Korb heruntergelassen und entrinne. Wie es der 124. Psalm sagt: *Das Netz ist zerrissen und wir sind frei. Unsre Hilfe steht im Namen des HERRN, der Himmel und Erde gemacht hat.* Das ironische, nicht ernstgemeinte Selbstlob endet im Lob der Schwachheit. Dieses Lob verwandelt sich zu einem Trost in der eigenen Schwäche. Es stärkt in Widrigkeiten. Wenn Paulus all diese Dinge, die er aufzählt, überlebt hat und gerettet worden ist, dann werde ich durch die Schwierigkeiten, die sich vor mir auftürmen, auch heil hindurchkommen.

Selbstquälerisch?

Aber dieser tröstliche Sinn liegt nicht an der Oberfläche. So wie Paulus spricht, wird er einem nicht besonders sympathisch. Vielleicht nicht einmal Menschen, die selber zu den Leidenden gehören. Paulus klingt in seiner Bissigkeit verletzend. Er muß selber tief verletzt sein. Flüchtig gehört, bleibt von seinen Worten ein negativer Eindruck zurück. Paulus gerät unter den Verdacht, für ein unfrohes Verständnis des christlichen Lebens verantwortlich zu sein. Auf Jesus will man sich einlassen, aber Paulus wird beschuldigt, aus der Botschaft Jesu eine lebensfeindliche Haltung gemacht zu haben. Es gibt zweifellos in der christlichen Tradition auch Neigungen zu etwas Selbstquälerischem. Nicht wenige Menschen schneiden ihre christlichen Wurzeln ab, weil sie meinen, die Verpflichtung gegenüber dem christlichen Glauben verwehre ihnen die Lebenslust und nehme ihnen die Freude am Genuß. Das Vorurteil, daß zum Christsein ein gedämpftes Lebensgefühl gehöre, ist nicht auszurotten. Paulus scheint mit seinen Worten zu bestätigen, daß vor Gott nur die Leiden zählen und daß in einem Muster christlicher Existenz von schönen Erlebnissen überhaupt nicht die Rede sein darf.

Erfolgsgeschichte schreiben

Unsere Zeit widerspricht dem Paulus mit einem vielfältigen Angebot, wie man sich ein gutes Leben machen kann. Dabei ist das gute Leben als Wohlleben verstanden. Nur spricht man das nicht mehr so aus. Es heißt jetzt Wellness. Der Luxus wird nicht unbedingt herausgestrichen, schimmert aber doch unverhohlen durch. Um die Sache noch gediegener erscheinen zu lassen, wird Spiritualität beigemischt. Irgend eine Form von Religiosität hat die Aufgabe eines Schmiermittels im Getriebe.

Ich überzeichne diese Einstellung ein wenig. Sie ist uns aber nicht fremd. Ich darf sie nicht billig der Lächerlichkeit preisgeben. Denn sie macht vor den christlichen Gemeinden nicht Halt. Wir stehen alle unter dem Druck, unser Leben als eine Erfolgsgeschichte erzählen zu können. Der Lebenslauf muß aufweisen, was einer erreicht hat. Ich muß zeigen können, was ich geleistet habe und wozu ich befähigt bin. Ich muß mich empfehlen können. Der Wunsch zielt auf eine Biographie, die von einer schönen Begabung, von einem Charisma durchzogen ist. Wer möchte nicht als überlegener, als ruhiger und doch temperamentvoller, als ernsthafter und doch heiterer, als überzeugender und doch toleranter Mensch erscheinen? Wer möchte nicht stark und doch rücksichtsvoll, stolz und schön und doch liebenswürdig sein? Die paulinischen Worte dagegen rufen uns in Erinnerung, daß die christliche Existenz eine gefährliche Sache ist. Sie kann einen Menschen zunächst schwächen und in Konflikte stürzen. Sie bewirkt offenbar nicht einfach eine Steigerung und Abrundung meiner vorhandenen Fähigkeiten und Kräfte. Sie fordert vielmehr den ganzen Menschen heraus und bringt ihn auf einen Weg, den er nicht absehen und in seinem Sinn steuern kann.

Ironisches Selbstlob

Warum mutet Paulus uns sein merkwürdiges Selbstlob zu? Warum spricht er so ironisch? Ironie - das heißt, daß er mit übertriebener Zustimmung die problematische Haltung bloßstellt, der er in Korinth begegnet. Die Ironie ist die Waffe des Schwachen. Wir können das an uns selber beobachten. Dem Paulus wurde vorgeworfen, sein unmittelbarer, persönlicher Auftritt sei schwach, seine Briefe, die er dann hinterher schickte, seien aber gewaltig und von großem Gewicht. Es müssen Leute diese Vorhaltungen gemacht haben, die von sich selber überzeugt waren, den heiligen Geist und seine sichtbar ausstrahlende Kraft zu besitzen. Paulus aber war in ihren Augen eine schwache Figur ohne Ausstrahlung. Er wirkte keine Wunder und hatte keine besondere heilende Kraft. Warum mußte er mit seinen Briefen dermaßen einfahren? Warum nur Worte, Worte, Worte?! Sollte das ein Diener Christi sein?

Auf diese Attacke, er habe das Wesentliche nicht zu bieten, antwortet Paulus mit Ironie: Ich muß mich selber rühmen. Ihr habt das ja so gerne, wenn euch jemand schlägt.

Ihr seid ja Masochisten und laßt euch gerne abkanzeln. Ihr beugt euch ja gerne vor einem Guru. Aber ich war leider zu schwach dazu. Jetzt bringe ich den Mut auf, mich zu rühmen, weil ich ein Unvernünftiger bin. Ich singe das Lob der Torheit.

Das Eigenlob des Paulus bedient sich der Form einer Erfolgschronik. Zuerst scheint diese Gedankenfigur aufzugehen. Er ist wie die Leute, die ihn herausfordern, ein Hebräer, ein Israelit, ein Nachkomme Abrahams. Das sind Ehrentitel, welche die Zugehörigkeit zum Gottesvolk und zur Tradition der Heilsgeschichte und der göttlichen Verheißung ausdrücken. Nachdem es zuerst heißt: *Ich auch!* kommt jetzt eine Kaskade von Steigerungen: *Ich noch mehr!* Paulus nimmt einen in diesen auftrumpfenden Leistungsausweis hinein. Er spricht von seinen Mühen; jedoch als ob es um den Nachweis von Kompetenzen und Qualifikationen ginge: mehr Sachkenntnisse, mehr soziales Engagement, mehr Erfahrung, mehr Sinn für die Bedürfnisse der Menschen, mehr Einfühlungsvermögen, mehr, mehr ... Indem Paulus diese Bewegung des Überbietens vollzieht, geht uns auf, daß das Plus, von dem er spricht, in Wahrheit ein Minus ist. Seine Überlegenheit zeigt sich von Anfang an in seiner Schwachheit. *Davon* hat er mehr zu bieten. *Das* ist sein paradoxes Plus. So ist er ein Diener Christi geworden. Er rühmt sich seiner Schwachheit.

Hier hört die Ironie auf. Bis zu diesem Punkt ist sie aber für Paulus ein unentbehrliches Hilfsmittel. Denn er nimmt in diesem ironischen Selbstlob innerlich gerade Distanz zu sich selber ein. Die Erfahrungen, die er nennt, könnten ihn mit Selbstmitleid erfüllen. Was hat er nicht für schreckliche Dinge erleben müssen! Paulus hat erkannt, daß niemand sich vor Gott als ein Gerechter erweisen kann durch den Anspruch, das Gebot Gottes zu erfüllen, sondern allein durch den Glauben an Christus. Paulus weiß aber sehr genau, daß der Versuch, sich durch die eigene Leistung zu behaupten, auf andere Weise zurückkehren kann. Die Leiden könnten als Verdienst verstanden werden. Zweifellos liegt eine geheimnisvolle Kraft in ihnen. (Wir werden ihr in der Fortsetzung dieses Textes später im Jahr noch begegnen.) Aber die Ironie des Paulus verhindert gerade, daß er sich als Opfer darstellt. Die großen Gefahren, die da im Staccato aufgezählt werden, sind nicht übertrieben. Paulus ruft Gott zum Zeugen an, daß er nicht lüge. Aber alle diese Bedrohungen liegen merkwürdig erledigt und überwunden hinter ihm.

Frei in Widrigkeiten

Erst am Schluß wird deutlich, daß der Mensch, der so redet, alle diese Dinge nur sagen kann, weil er die lebensbedrohenden Gefahren überstanden hat. Was ihm widerfahren ist, hätte sein Leben zehnmal auslöschen können. Aber er ist ein Überlebender. Er ist davongekommen. Darum stellt Paulus die Szene in Damaskus betont ans Ende der düsteren Aufzählung, mit der er auf den Weg seines Christenlebens zurückschaut. Es geschah am Anfang dieses Weges. Gottes leitende Hand und die Phantasie und das entschlossene Handeln hilfreicher Freunde retteten ihn vor bösem Zugriff.

Es redet also ein Befreiter. So kommen die Widrigkeiten und Gefahren in ein anderes Licht. Sie werden zu Etappen auf dem Weg zur Freiheit. Die Aufzählung von Einkerkerung, von Todesgefahren, von Geißelungen (die nach jüdischem Recht die Maximalzahl der erlaubten Schläge um einen zu unterschreiten hatten - 39 statt 40), von Steinigung, Schiffbruch, Hunger und Durst, Kälte und Blöße, Überarbeitung und Schlaflosigkeit, - alles, was ihn nahe an den Tod herangebracht hat, definiert nicht, was sein Leben ist. Christus lebt in mir - so hat er es an anderer Stelle gesagt. Die ganzen Lebensgefahren werden gleichsam durchsichtig für Christus, der in ihm lebendig sein will.

Paulus war in seiner Autorität angefochten und hat sie gegenüber den Korinthern verteidigt. Er konnte den Widerstand offenbar überwinden. Darum berührt uns der Streit um seine Autorität nicht mehr direkt. Im Neuen Testament stehen dreizehn Briefe unter seinem Namen. Er ist also stark vertreten. Aber daß er von sich sagt, er sei schwach, das berührt uns dort, wo wir bedroht und angefochten sind. Sein bewegtes Curriculum tröstet uns in unseren Gefahren. Sein Wort kann uns zum offenen Fenster werden und zum Korb, in dem wir entrinnen.

GNADENGABE IM ÜBERFLUSS

2. Korinther 9, 6-15 und Philipper 4, 11-13

Es gilt nämlich:
Wer spärlich sät – spärlich wird er auch ernten.
Und wer im Lobpreis sät – im Lobpreis wird er auch ernten.
Jeder gebe, wie er sich im Herzen vorgenommen, ohne Bedauern und ohne Zwang; denn einen fröhlichen Geber hat Gott lieb. Gott aber vermag es, alle Gnadengabe im Überfluß euch zufließen zu lassen, daß ihr in allem allezeit alle Unabhängigkeit habt und überfließt zu allem guten Werk – wie geschrieben steht:
Ausgestreut hat er, gegeben den Bedürftigen.
Seine Gerechtheit bleibt in Ewigkeit.
Der dem Sämann Samen und Brot zur Speise beschert, er wird auch euch den Samen bescheren und mehren, und wird die Früchte eurer Gerechtheit wachsen lassen. In allem werdet ihr bereichert zu aller schlichten Güte, die durch uns Danksagung an Gott bewirkt. Denn: Der Kultdienst an diesem frommen Werk füllt nicht nur den Mangel der Heiligen auf, sondern er strömt auch über zur vielfältigen Danksagung an Gott. Durch die Bewährung in diesem Dienst verherrlichen sie Gott wegen eures gehorsamen Bekenntnisses zum Evangelium Christi und der schlichten, gütigen Gemeinschaft ihnen und allen gegenüber. Und im Flehen für euch wendet sich ihr Sehnen euch zu – ob der Überschwenglichkeit der an euch gewirkten Gnade Gottes. Dank sei Gott für sein unsagbar großes Geschenk.

Ich hatte aber eine große Freude im Herrn, daß eure Gesinnung gegen mich eine neue Blüte hervorgetrieben hat – zumal ihr es im Sinn hattet, doch die Zeit war euch ungünstig. Ich sage das nicht, weil ich Mangel leide. Ich habe ja gelernt, dort, wo ich bin, unabhängig zu sein. Ich weiß erniedrigt zu leben, ich weiß auch im Überfluß zu leben. In alles und jedes bin ich eingeweiht: Sattwerden und hungern, Überfluß haben und Mangel leiden. Alles verkrafte ich in dem, der mich stärkt. Aber ihr habt schön gehandelt, daß ihr an meiner Drangsal teilhabt.

Der heutige Erntedank ist mit Paulus gesprochen der Dank an Gott für sein unsagbar großes Geschenk. Obwohl der Apostel gleich zu Beginn vom Säen und Ernten spricht, merken wir, daß das unsagbar große Geschenk noch etwas anderes sein muß, als was auf den Feldern wächst. Trotz Säen, Ernten, Säman und Samen redet Paulus offensichtlich von einer Geldsammlung. Dieses Geld, das die Korinther für die arme Gemeinde von Jerusalem zusammenlegen, ist auch nicht das unsagbar große Geschenk Gottes, sondern nur das Mittel, durch das etwas anderes transportiert wird. Der Dank ist Dank für die Gnade Gottes. Darum fehlt auch das Wort Dank in dem, was Paulus der Gemeinde von Philippi schreibt. Er hat für seinen Lebensunterhalt von ihnen Geld bekommen. Was er darauf antwortet, sagt uns etwas Entscheidendes über unser Leben in dieser Welt, wo Geld, Erfolg und Anerkennung eine so große Rolle spielen. Paulus hilft uns, die Kraft zu empfangen, die uns in den Dingen dieser Welt frei macht und hilft, in den schwierigsten Umständen zu leben.

Geld als Mittel

Mit der bildhaften Sprache vom Säen und Ernten spricht Paulus vom Geld. Das Geld als Zahlungsmittel hat schon früh den Tausch von Waren abgelöst. Es fand damit freilich auch eine Ablösung des Wertes statt. Geld ist eine eigene Größe geworden. Es kann sich so verselbständigen, daß es zum Mammon wird, zum Götzen, dem der Mensch dient. Dann ist es nicht mehr ein Mittel, sondern es wird zum Selbstzweck und angehäuft. Das von Paulus gebrauchte Gleichnis vom Säen und Ernten holt das Geld auf den Boden herunter und ermutigt dazu, mit ihm dieselbe Erfahrung zu machen wie mit dem Saatgut: Wer bei der Aussaat geizt, der erntet auch nicht genug. Das ist meines Wissens in unserer Geldwirtschaft auch nicht anders. Aber jetzt kommt der entscheidende Schritt: Wer im Lobpreis sät, der wird auch im Lobpreis ernten. Wahrscheinlich denkt Paulus daran, wie bei Tische gedankt wird: "Baruch adonaj" - Gesegnet sei der Herr! Dieses Segnen ist unabhängig von der Quantität der Güter und des Geldes. Wir essen vom Segen Gottes her und wir säen auf den Segen Gottes hin. Die Juden segnen dankend Gott. In der Haltung des Dankes gegenüber Gott kann der Mensch etwas weggeben. Und in dieser Haltung hat er das Vertrauen, daß er auch wieder etwas empfangen und satt werden wird. Es ist deutlich, daß diese Haltung des Lobpreises, des Segnens und des Vertrauens auf den Segen nicht erzwungen werden kann. Sie muß von innen kommen. Sonst reut es uns eben. Dann ist Bedauern dabei und ein saures Gesicht. Gott aber hat einen fröhlichen Geber lieb.

Die Fröhlichkeit darf gewiß auch über einem Erfolg, einem guten Verdienst und also materiellem Wohlstand entstehen. Die Freude am Überfluß soll nicht sauertöpfisch vergellt werden. Aber Paulus denkt beim fröhlichen Geben kaum daran. Er stellt diese aus ihrem Herzen schenkenden fröhlichen Geber in den Zusammenhang mit Gottes Gnadengaben. Da liegt die Mitte. Was sie haben, ist der Ausfluß der Gnade. Es ist bemerkenswert, daß Paulus hier vom Überfließen spricht. Es läßt an ein Gefäß denken, das voll ist und überfließt. Wie ein zu voll eingeschenkter Becher, aus dem man schnell trinken muß. Das Geld eignet sich eigentlich als flüssiges Zahlungsmittel ausgezeichnet für das Überfließen zu guten Werken. Es ist beweglich. Es kann schon zur Zeit des Paulus spielend leicht weite Wege zurücklegen über Meere und Kontinente. Es läßt sich gut einteilen, so daß es für einen selber reicht, für die eigene Unabhängigkeit, und noch für die fröhliche Gabe.

Dank für die Gnade

Die Korinther haben von Gott Gnade erfahren. Paulus sieht ihre materiellen Möglichkeiten untrennbar verbunden mit dem, was sie im Glauben empfangen haben. Sie haben das Evangelium von Christus gehört. Sie haben sich diese Botschaft gefallen lassen und auf Jesus vertraut. Sie haben sich taufen lassen und haben den Geist empfangen. Das ist die Gnade, die ihnen widerfahren ist und die sie reich gemacht hat. Mit diesem Überfluß können sie den Mangel der andern ausgleichen.

Es kommt uns unbekümmert vor, wie Paulus Geistliches und Materielles verbindet. Wir halten meist die beiden Seiten auseinander. Er aber sieht es so, daß sie reich gemacht werden, um ganz einfach, in schlichter Güte und ohne Hintergedanken andern etwas geben zu können. Und daraus entsteht dann der Dank.

Das ist merkwürdig. Der "Erntedank" nach diesen Worten über Säman, Samen und Brot und das neue Saatgut, das dann wieder aufwächst, ist nicht der Dank derer, die reichlich geerntet haben. Auch ihre Gabe ist noch nicht der Dank. Paulus versteht das, was die Korinther geben, als direkte Wirkung der Gnade. Die Korinther ordnen nicht durch ihre Gabe ihr Verhältnis zu Gott. Ihre Gabe ist eine Frucht der Gerechtigkeit, die einfach von selbst wächst. Sie werden sich nichts darauf einbilden, sondern diese Früchte der Gerechtigkeit ernten und teilen. Sie werden sich schlicht an den Möglichkeiten ihres neuen, befreiten Lebens freuen.

Der Dank aber entsteht auf der Seite der Empfänger der Gaben. Obwohl der Apostel Materielles und Geistliches eng verbunden sieht, unterscheidet er doch das Beheben des Mangels und den Dank an Gott. Daß den Heiligen - das sind die Christen in Jerusalem - geholfen wird, ist nur die eine Seite. Das andere ist, daß sie für den Glauben der Korinther danken. Und sie beten für sie. Die Gabe hat einen Tausch bewirkt. Es ist bei den Empfängern Dank an Gott entstanden. Der Überfluß der Gnade fließt im Dank zurück zu Gott. Zudem hat die Gabe die Gemeinschaft zum Ausdruck gebracht, die zwischen diesen entfernten Menschen besteht, obwohl die einen Juden sind und die andern Griechen, also tief getrennte Menschen; so wie sie es heute ethnisch und religiös sein können. Aber die Empfänger sehnen sich jetzt nach den Gebern. Nicht nach ihrem Geld. Sondern wegen der *Überschwenglichkeit der an euch gewirkten Gnade* - wie Paulus sagt. Daß diese Gnade auch irdischen Mangel beheben kann, macht die Sehnsucht nicht zum Neid. Die Spende hat die Gemeinschaft der Heiligen mitgebracht.

Beteiligte Unabhängigkeit

Ja, was mit Geld nicht alles getan werden könnte! Oder schüttle ich innerlich ungläubig den Kopf? Will Paulus mit seinen Worten, die ihrerseits etwas Überströmendes haben, im Grunde doch nur zu einer größeren Geldspende bewegen? Der Abschnitt aus dem Philipperbrief verdeutlicht, daß er es mit dem Dank für die Gnade ernst meint. Es fällt auf, daß er jetzt das Wort des Dankes vermeidet. Die Philipper haben ihm durch Epaphroditus eine Spende zukommen lassen. Er geht darauf ein. Aber er dankt nicht für das Geld. Er freut sich an ihrer Gesinnung, die eine schöne Blüte hervorgebracht hat. Wieder stoßen wir auf das Bild des Wachsens. Es unterstreicht, daß es sich nicht um eine moralisch verdienstvolle Tat handelt, auf die sich die Philipper etwas einbilden könnten. Es ist aus ihrem Glauben gewachsen. Die Philipper sind mit Paulus zwar in einem Verhältnis von Geben und Nehmen. Aber es geht nicht darum, daß sie ihm gegenüber durch Geld eine Verpflichtung erfüllen müssen. Er hat keinen Anspruch darauf. Paulus erkennt in ihrer Gabe ein Opfer, das Gott gefällt. Darum behandelt er das Empfangene nicht als Zeichen ihrer Großzügigkeit ihm gegenüber, für die er ihnen den schuldigen Dank abstattet. Paulus hat etwas wie eine Entschädigung bekommen, ein Salär, das nicht direkt mit seiner Arbeit als Apostel verrechnet werden kann. Aber dieses Geld ist jetzt sozusagen sein Ernteertrag. Wir ernten auch so indirekt. Und oft ist der Zusammenhang zwischen dem Geld, das Leute erhalten, und dem, was sie tun, willkürlich festgesetzt. Statt eines Dankes für das, was er geerntet hat, drückt Paulus seine Unabhängigkeit aus.

Ich kann darin eine Wurzel unseres eigenen Verhältnisses zu dem, was wir ernten, erkennen und darüber staunen, daß nicht vom Verdienst die Rede ist. Ich sage also nicht: Ich habe so und so viel verdient; sondern: ich habe so und so viel bekommen, damit ich unabhängig sein kann. Und noch erstaunlicher ist, daß nach Paulus offenbar die Menge des erhaltenen Geldes nicht von entscheidender Bedeutung ist. Er hat genug. So sagt er von sich selber und zeigt damit, daß er gelernt hat, sich in jeder Lage selber zurecht zu finden und unabhängig zu sein. Zu seiner Unabhängigkeit gehört aber dazu, daß er auch Mangel ertragen kann. Er läßt sich genügen.

Paulus redet in der Sprache der stoischen Philosophie von der Autarkie. Gewinnt er diese Unabhängigkeit aus seiner Selbstdisziplin? Er braucht ein Wort der damaligen religiösen Sprache und sagt: Ich bin in das Mysterium, das Geheimnis eingeweiht: satt zu sein und zu hungern, Überfluß zu haben und Mangel zu leiden. Es ist das Geheimnis des Lebens mit seinem Haben und Entbehren, in das er eingeweiht ist. Paulus sagt damit nichts anderes, als daß er im Glauben ein neues Verhältnis zum Leben hat. Christus macht ihn dazu stark, daß er beides kann: ärmlich leben und im Überfluß. Die Kraft zur Unabhängigkeit gibt ihm Christus. Darum verknüpft er die Gabe der Philipper nicht mit dem, was ihm etwa fehlt. Er gibt ihnen diese Kraft weiter. Sie sollen auch in alles und jedes eingeweiht sein.

Umgang mit dem Überfluß

Paulus weiß im Überfluß zu leben. Wie meint er das? Stellt er dem materiellen Mangel die geistliche Fülle entgegen? Dieser Erklärungsversuch hat etwas für sich. In seinem äußeren Dasein ist Paulus arm. Er sitzt im Gefängnis und geht dem Tod entgegen. Innerlich ist er aber reich. Was die Philipper geschickt haben, ist nur eine Beigabe zum Opfer seines Martyriums. Dann hieße es also: Ich kann materiell arm sein und *zugleich* im Geiste reich.

Aber er sagt wörtlich etwas Schlichteres: Christus stärkt zu beidem, in dieser Welt mit wenig weltlichem Gut, Erfolg und Gewinn zu leben. Er stärkt aber auch dazu, diese Dinge zu haben. Paulus kann auch Erfolg und Anerkennung haben. Er kann auch mit dem Überfluß dieser Welt umgehen. Das ist in keiner Weise selbstverständlich. Menschen haben offensichtlich ebenso Mühe, ein Leben im Überfluß zu bestehen wie eines im Mangel. Wir denken nicht nur an den Lottogewinner, der schnell alles verjubelt und armengenössig wird. Mitten *im* Wohlstand und allen materiellen

Absicherungen können Menschen abstürzen oder vereinsamen. Sie können dem Hunger nach immer noch mehr verfallen und größere Daseinsangst haben als die Armen.

Paulus kennt die Bitte aus dem Buch der Sprüche: *Armut und Reichtum gib mir nicht; laß mich aber mein Teil Speise dahinnehmen, das du mir beschieden hast* (30, 8). Er verlagert das Gewicht von meinem Vermögen oder Unvermögen auf die Kraft, die ich im Glauben bekomme. Das verdiente oder gespendete Geld darf nicht dazu führen, wieder die eigene Gerechtigkeit aufzurichten und die Unabhängigkeit wirtschaftlich zu definieren. Darum nennt Paulus die Spende ein Gedenken und einen Ausdruck der Gemeinschaft. Er könnte ohne sie leben, wie er es oft genug mußte. Er freut sich dennoch daran, weil er noch in dieser Welt ist und es brauchen kann.

ICH WEISS VON EINEM MENSCHEN IN CHRISTUS
2. Korinther 12, 1-10

Rühmen muß sein! Es nützt zwar nichts – trotzdem will ich auf Erscheinungen und Offenbarungen des Herrn zu sprechen kommen. Ich weiß von einem Menschen in Christus, der wurde vor vierzehn Jahren – ob im Leib, weiß ich nicht, ob außerhalb des Leibes, weiß ich nicht, Gott weiß es – bis in den dritten Himmel entrückt. Und ich weiß von diesem Menschen, daß er – ob im Leib oder ausserhalb des Leibes, weiß ich nicht, Gott weiß es – ins Paradies entrückt wurde und unsagbare Worte hörte, die kein Mensch aussprechen darf. Für den will ich mich rühmen; was mich selbst betrifft, will ich mich nur meiner Schwachheit rühmen.
Wollte ich mich rühmen, würde ich damit nicht zum Narren, denn ich würde die Wahrheit sagen. Ich verzichte aber darauf, damit niemand mir mehr zuschreibt, als was er an mir sieht oder aus mir heraushört. Auch für das Übermaß der Offenbarungen - eben darum - wurde mir, damit ich mich nicht überhebe, ein Stachel ins Fleisch gegeben, ein Satansengel, der mich mit Fäusten schlagen soll, damit ich mich nicht überhebe. Seinetwegen habe ich den Herrn dreimal gebeten, er möge von mir ablassen. Und er hat mir gesagt: Du hast genug an meiner Gnade, denn die Kraft kommt in der Schwachheit zum Ziel. So rühme ich mich lieber meiner Schwachheit, damit die Kraft Christi bei mir Wohnung nehme. Deshalb sage ich Ja zu Schwachheiten, zu Mißhandlungen, Nöten, Verfolgungen und Bedrängnissen um Christi willen. Denn wenn ich schwach bin, dann bin ich stark.

Wie *ist* ein Mensch, der in Christus ist? In einer Welt, in der verschiedene Glaubensweisen und Überzeugungen aufeinanderstoßen, preist man die Vorzüge der eigenen Haltung an. Rühmen muß sein! Paulus kann nicht vermeiden, sich an diesem Selbstlob zu beteiligen. Er geht aber darüber hinaus. Das Rühmen wird eine Rede über das tiefste Geheimnis der christlichen Existenz. Zum Leben in Christus gehört offenbar dazu, daß Paulus nicht anders davon reden kann, als daß er zwischen einem Menschen, von dessen himmlischer Erfahrung er weiß, und sich selber unterscheidet.

Entrückt

Was ist vom Menschen, der in Christus ist, zu *sagen*? Zuerst herrscht mindestens einen Augenblick lang Unklarheit, von wem jetzt die Rede ist. Dann merken wir bald, daß jener Mensch, von dem Paulus weiß, niemand anderer ist, als er selber. Und doch macht er einen deutlichen Unterschied zwischen sich und ihm und distanziert sich von ihm. Ich meine das nicht im Sinne dessen, daß er nicht dazu stehen könnte. Im Gegenteil. Er beruft sich auf diesen Menschen gegenüber den Korinthern, die offenbar behauptet haben, dem Paulus sei die Wirkung des Geistes und tiefe mystische Erfahrung fremd. Aber er redet aus großer Distanz. Zunächst ist sie mit einer Zeitangabe bezeichnet. Was dieser Mensch erfahren hat, geschah vor vierzehn Jahren. Diese Zeitangabe scheint zurückzuweisen auf die Christusoffenbarung, in der Paulus aus dem Verfolger der Gemeinde zum Christusgläubigen wurde und seine Berufung erfahren hatte. Doch spricht er wirklich davon? Jener Mensch wurde in den dritten Himmel entrückt. Nach alter Überlieferung ist es der höchste, in dem sich auch das Paradies befindet. Paulus weiß hier aber nichts von einer Berufung und Sendung durch Christus zu sagen. Es wurden unaussprechliche Worte gehört. Und zwar Worte, die niemand weitersagen darf. Sie bleiben Geheimnis. Wohingegen die Berufung ihn dazu ermächtigt hatte, hinzugehen und das Evangelium zu verkündigen. Und doch wird dieses geheimnisvolle Widerfahrnis nicht davon getrennt werden können, wie Christus ihm begegnet ist. Nur begründet Paulus hier in keiner Weise sein Amt als Apostel. Und er bietet auch uns kein Beispiel, wie wir unser Christsein andern gegenüber erklären und nahebringen könnten. Deutlich entfernt sich dieser Menscht. Es geht um eine Ekstase. Er ist außer sich. Nicht nur zeitlich, sondern auch räumlich entrückt; jedenfalls völlig unverfügbar. Paulus läßt sogar offen, ob es außerhalb der leiblichen Existenz geschah - etwas, was für den Vorstellungshorizont des Juden Paulus völlig undenkbar ist. Wichtig ist, daß er selber nicht weiß, wie es geschah. Gott weiß es. Paulus war nicht die handelnde Person. Es war ein Widerfahrnis, das ganz die Wirkung Gottes war und nicht diesem Menschen selber gehört.

Paulus berührt in uns die Stelle, wo wir auch dieses Distanzgefühl kennen: Es gab einmal diesen Menschen, dessen Herz brannte. Es gab die Erfahrung dieses himmlischen Genusses. Der Glaube war sich selbstverständlich. Doch jetzt besteht eine große Distanz. Die Entrückung schlägt sich nieder in einer etwas schwärmerischen Erinnerung oder in Wehmut über das Verlorene.

Paulus spricht nicht schwärmerisch oder wehmütig. Er will sich für diesen Menschen rühmen. Aber damit rühmt er sich nicht für sich selbst. Er macht seine Existenz in Christus nicht daran fest, obwohl er doch nur die Wahrheit sagen würde. Er verzichtet darauf, damit niemand höher von ihm denke, als es an ihm, Paulus, sichtbar und hörbar ist.

Ich selbst

Wer ist der Mensch, der in Christus ist? Von jenem Menschen mußte erzählt werden, um jetzt klar zu machen, daß ich selbst mich nicht auf seine Erfahrungen berufen kann. *Für mich selbst will ich mich nicht rühmen, außer für meine Schwachheiten.* Es ist höchst sonderbar, wie hier zwischen dem Widerfahrnis der tiefsten oder höchsten Gottesgemeinschaft in der Entrückung und dem eigenen Selbst unterschieden wird. Jetzt verstehen wir, daß Paulus mit dem Wissen um jenen Menschen nicht von der Erweiterung seines Bewußtseins gesprochen hat. Er hat auch nicht gesagt, er hätte sein eigentliches Selbst oder seine Identität gefunden oder sei zu sich selber gekommen. So wird in unserer Zeit oft die Aufgabe bezeichnet,vor der wir Menschen stehen. Man versucht auf verschiedene Weise mit den eigenen Kräften dieses Ziel zu erreichen, oft sogar mit Hilfe von Drogen - und endet doch nur in den Schwachheiten, die man überwinden und ausschalten wollte.

Das Ich selbst wollte wohl gerne harmonisch eins sein mit jenem himmlischen über sich selber Hinausgehobensein. Und doch ist es schmerzhaft in seine engen Grenzen eingeschlossen, gebunden an die körperliche Existenz mit allen ihren Nöten. Wohl bliebe das Ich bei der Wahrheit, es wäre nicht verrückt, wenn es sich rühmen würde, daß es dieser andere Mensch doch auch sein durfte und darf. Paulus verzichtet darauf, weil seine Lebens- und Glaubensgeschichte etwas zu sehen und zu hören gibt, was ihm jede Überheblichkeit nimmt. Etwas hindert ihn daran, sein Christsein mit seinen überschwenglichen Offenbarungen zu begründen und zu bestimmen. Er stellt es uns vielmehr dar in seiner ganzen Schwachheit. Wir erkennen ihn in seinem ohnmächtigen Gebet. Wir sind genau bei dem, was an Paulus zu sehen und aus ihm herauszuhören ist.

Der Stachel

Was *hat* denn der Mensch, der in Christus ist? Paulus spricht von einem Stachel, der ihm ins Fleisch gegeben war und der ihm blieb, obwohl er darum gebetet hatte, er möchte von ihm genommen werden. Der Stachel im Fleisch ist ein schmerzhaftes leib-seelisches Leiden. Man hat irgend eine chronische Krankheit vermutet: Epilepsie oder Kopfschmerzen und Augen-Migräne; man hat an Malaria oder Rheumatismus gedacht. Aber wir können und müssen die Krankheit nicht diagnostizieren. Wenn Paulus von einem Satansengel redet, sagt er damit, daß er dem Bösen ausgesetzt war. Es kommt uns Hiob in den Sinn. Auch den Glaubenden bedroht die Welt in ihrer Gottesfeindschaft. Und doch ist es letztlich Gott selber, der ihm in dieser schmerzenden Gegenmacht begegnet und die Grenze setzt. Das geht Paulus auf in seinem Kampf mit dem Leiden, den er im Gebet durchficht. Ohne diesen Kampf darf niemand sagen, Gott stehe hinter dem Stachel im Fleisch. Paulus ist an diesen Punkt gelangt. Er sagt: *Seinetwegen habe ich den Herrn dreimal gebeten, er möge von mir ablassen.* Ich kann nicht mehr. Ich habe genug.

Die Antwort, die Paulus offenbar im wiederholten Beten von Jesus empfängt, scheint zunächst eine Zurückweisung zu sein. Du hast genug, in der Tat! Mehr bekommst du nicht. Du mußt auskommen mit dem, was du hast. Es heißt aber auch: Du *kannst* damit auskommen und mehr ist nicht notwendig. Denn es ist die Gnade Christi, die du hast. Die Kraft kommt in der Schwachheit zu ihrem Ziel. In deiner Schwachheit wird die Kraft Gottes Gestalt gewinnen. Paulus erfährt es in seiner Arbeit als Apostel. Jedem von uns kann es in seiner Berufung und Aufgabe zuteil werden.

Es kann eine Erfahrung auch außerhalb des Glaubens sein, daß einem Menschen durchs Kämpfen Kräfte zuwachsen und er Schwachheiten überwindet. Aber die Kraft, von der Paulus spricht, ist kein menschliches Vermögen und gehört nicht unserer Natur an. Ich glaube, daß an dieser Stelle jener Mensch, von dem Paulus weiß, und sein Selbst in seiner Geschlagenheit und Schwachheit zusammenkommen und das eine Menschsein in Christus ausmachen: Er ist der Mensch, der an Christi Gnade genug hat.

Genughaben

Ja, der Mensch, der in Christus ist, hat genug. Hier berührt sich die Gebetserhörung, die keine ekstatische Erfahrung sein muß, mit dem Widerfahrnis der Entrückung, die dem Paulus selber entzogen ist. Mitten in der Schwachheit ist jener Mensch, von dem er weiß, in ihm wieder lebendig und gegenwärtig. Paulus sagt es nicht ausdrücklich, daß er in seiner Schwachheit ins Paradies versetzt wird. Martin Luther hat in seinem Vorwort zur lateinischen Ausgabe seiner Werke auf den Anfang der Reformation zurückgeblickt: Er rang in Bedrängnis um das Verständnis des Wortes von der Gerechtigkeit Gottes, die im Evangelium offenbart ist. Er verstand es in der Weise, wie Gott gerecht ist und die Sünder und Ungerechten straft, und verzweifelte daran. Als ob es nicht genug wäre, daß die Menschen durch die Erbsünde verloren sind. Mußte denn Gott auch noch durch das Evangelium Leid auf Leid häufen und seine Gerechtigkeit gegen uns kehren?! So kämpfte Luther, bis sich ihm endlich das Schriftwort erschloß und er Gottes Gerechtigkeit als das Geschenk Gottes verstand, durch das der Beschenkte als Gerechter lebt, nämlich aus Glauben. "Und dies sei der Sinn: durch das Evangelium wird Gottes Gerechtigkeit offenbar, mit der uns der barmherzige Gott gerecht *macht* durch Glauben... Da kam ich mir vor, als sei ich ganz und gar neu geboren und durch die offenen Tore ins Paradies selber eingegangen. ..."

Mitten in Schwachheiten und Bedrängnissen durch die offenen Tore ins Paradies! Der entrückte Mensch in Christus und der Schwache sind, wenn wir sie auch unterscheiden mußten, doch nicht von einander zu trennen. So rühmt sich Paulus seiner Schwachheiten. So sagt er zu ihnen Ja. Es ist keine Leidensseligkeit. Er wäre lieber gesund. Aber er erkennt, daß die Kraft Christi bei ihm Wohnung nimmt, wenn er sich nicht widersetzt. Das Paradies ist zu ihm gekommen; so wie die Johannesoffenbarung uns am Ende der Bibel zu dem Ziel führt, daß das himmlische Jerusalem herabkommt: die Wohnung Gottes bei den Menschen, in der Gott alle Tränen abwischen wird von ihren Augen und der Tod nicht mehr sein wird, und kein Leid noch Geschrei noch Schmerz. So wird es sein mit dem Paradies. Jetzt scheint es erst auf unter Tränen und in Schwachheiten. Paulus spricht es am Schluß in einem knappen Satz aus, was es heißt ein Mensch in Christus zu sein: Wenn ich schwach bin, dann bin ich stark.

SEI ES DURCH LEBEN, SEI ES DURCH TOD
Philipper 1, 19-25

Ich werde mich freuen. Denn ich weiß: "Dies hier wird mir zum Heil ausschlagen"- durch euer Bitten und durch den Beistand des Geistes Jesu Christi, nach meinem Harren und Hoffen, daß ich in keiner Weise zuschanden werde, sondern in aller Öffentlichkeit, wie immer so auch jetzt, Christus in meinem leiblichen Geschick groß werde, sei es durch Leben, sei es durch Tod. Denn für mich ist das Leben Christus und das Sterben Gewinn. Wenn es aber das Leben im Fleisch sein soll, bedeutet dies für mich Frucht (meines) Werkes und ich weiß nicht, was ich wählen soll. Gedrängt bin ich von beiden Seiten: Ich habe das Verlangen, aufzubrechen und mit Christus zu sein - wie viel besser wäre das! Das Dableiben im Fleisch aber ist nötiger um euretwillen. Und so bin ich überzeugt und denke, daß ich bleiben werde, euch allen erhalten bleiben werde zu eurer Förderung und Freude des Glaubens, damit euer Ruhm in Christus Jesus zunehme durch mich, dadurch daß ich wieder zu euch komme.

Leben und Tod sind nahe beieinander. Das gilt nicht nur im Sinn der alten Weisheit, daß wir mitten im Leben vom Tod umfangen sind. *Ich weiß nicht, was ich wählen soll,* sagt Paulus den Philippern. Stehen wir Menschen vor einer Wahl zwischen Leben und Tod? Eine schwere Krankheit kann dahin führen. Ergibt sich der Kranke in sein Todesgeschick, oder leistet er noch länger Widerstand? Sollen Chemo- und Strahlentherapie noch fortgesetzt werden, oder schickt sich der Kranke ins Unvermeidliche? Menschen, die um ihres Glaubens willen verfolgt sind, kommen dahin, wo es sich entscheiden wird, ob sie das Martyrium erleiden oder weiterleben werden. Paulus scheint freilich noch von etwas anderem zu sprechen. *Ich weiß nicht, was ich wählen soll...* Und: das Sterben ist Gewinn!? Als ob ich selber über mich jetzt eine Entscheidung zu treffen hätte. Es war der Schock des 11. Septembers 2001, daß Menschen den eigenen Tod - nicht als unvermeidlich akzeptieren, sondern bewußt wählen können, um ein Ziel zu erreichen. Dan DeLillo erzählt in seinem Buch "Falling Man" (London 2007) in Bildern von Einzelschicksalen weniger Menschen, wie sich ihr Leben durch 9/11 verändert hat. Und dazwischen eingeschoben das kleine Leben der Attentäter, die durch ihre Entscheidung auf das Ende mit Schrecken zusteuern. Der Text des Paulus spricht erstaunlich unmittelbar zu diesem aus seiner Welt fallenden Menschen. Nicht, weil Paulus das schwere Dilemma moderner Spitzenmedizin oder den religiösen Fanatismus vorausahnt, sondern weil er sich selber nicht mehr von Christus trennen kann. Das gibt ihm die Sprache, die uns nahe ist. Er braucht einen merkwürdigen Ausdruck dafür: In seiner Existenz, ob er jetzt noch weiter leben oder ob er sterben wird, *wird Christus groß*. Weil er davon spricht, darum packt uns sein Wort über eine so weite Distanz hinweg.

Verlangen nach der himmlischen Heimat

Doch bin ich immer noch gewohnt, was Paulus hier sagt, anders zu verstehen. Das berühmte Wort "Christus der ist mein Leben und Sterben mein Gewinn" und das Verlangen, aufzubrechen oder abzuscheiden und bei Christus zu sein, hat über den Anfechtungen des irdischen Lebens den Himmel aufgerissen und die menschliche Seele getröstet. Der Tod wurde zur Pforte, die in den Himmel führt, wo die ewige, ungetrübte Gemeinschaft mit Christus sein wird. So haben es uns die Lieder ins Herz gesungen:

> Du meines Herzens Freude,
> du meines Lebens Licht,
> du ziehst mich, wenn ich scheide
> hin vor dein Angesicht
> ins Haus der ewgen Wonne,
> da ich stets freudenvoll
> gleich wie die helle Sonne
> mit andern leuchten soll.

So sagt es Paul Gerhardt im Lied "Ich bin ein Gast auf Erden" (RG 753, 8). In "O Welt ich muß dich lassen", dessen Dichter nicht bekannt ist, heißt es (RG 772, 2):

> Mein Zeit ist nun vollendet,
> der Tod das Leben endet,
> Sterben ist mein Gewinn.
> Kein Bleiben ist auf Erden;
> das Ewge muß mir werden,
> mit Fried und Freud ich fahr dahin.

Das, wovon Paulus spricht, wird aus der Spannung von Diesseits und Jenseits verstanden. Das Sein mit Christus ist entsprechend das Ewige, das der Erde gegenübergestellt wird, auf der unseres Bleibens nicht ist; oder das Haus der ewgen Wonne; oder Christi Garten, wie ihn Gerhardt sich vorstellt im Vergleich zu der Gärten schöner Zier, die er in seinem Sommerlied besingt; oder "Jerusalem, du hochgebaute Stadt, wollt Gott, ich wär in dir! Mein sehnend Herz so groß Verlangen hat und ist nicht mehr bei mir."

Wer kann sich der Schönheit dieser Aussicht auf das Paradies entziehen? Wen läßt dieses sehnende Verlangen kalt? Paulus scheint doch genau davon erfüllt zu sein und uns mitzureißen in die jenseitige Gemeinschaft mit dem Herrn. So hat er jedenfalls im zweiten Korintherbrief (2, 8) geschrieben: *Wir sind aber guten Mutes und wünschen noch viel mehr, unsern Leib zu verlassen und beim Herrn zu Hause zu sein.* Wer wollte den Lichtstrahl trüben, der durch die geöffnete Tür aus dem Himmel auf eine dunkle Erde fällt und einen Menschen in seinem Leiden tröstet und aushalten läßt?

Das Leben ist Christus

Und doch müssen wir zur Kenntnis nehmen, daß Paulus hier im Philipperbrief nicht vom Jenseits spricht, sondern das ganze Gewicht darauf legt, daß durch seine irdische Existenz *Christus* groß werde hier, wo wir unterwegs sind. Paulus ist nicht daran, über sein Leben zu klagen und sich dann von seiner Sehnsucht nach der himmlischen Heimat fortreißen zu lassen. Er sagt sogar über seine konkrete Existenz: *Ich freue mich! Und ich werde mich freuen!* Dabei ist seine Lage nicht leicht. Er schreibt den Brief an die Gemeinde in Philippi von Rom aus, wo er irgendwo im Bereich der Kaserne der kaiserlichen Leibgarde als Gefangener festgehalten wird. Er erzählt, daß seine Gefangenschaft unter den Bewohnern dieser Kaserne bekannt wurde. Man sprach offenbar von dem gefangenen Juden. Und es breitete sich auch aus, wofür er angeklagt war: Die Leute hörten von Christus. In der Römer Gemeinde schöpften sie daraus Mut, furchtloser das Evangelium zu bezeugen. Das Geschick des Paulus war wie der Leuchter, auf dem das Licht Christi brennen und leuchten konnte. Es wurde aber offenbar von Paulus innerhalb der christlichen Gemeinde von Rom nicht nur Gutes geredet. Paulus sagt: *Einige verkündigen Christus mit Neid und Eifersucht.* Es haben nicht alle den Paulus geschätzt und sich über seine Nähe gefreut. Sie fanden, daß dieser Aufsehen erregende gefangene Glaubensbruder ihnen in der Sonne stehe.

Man mache ein großen Wesen aus ihm, der doch auch ein sehr schwieriger Mensch sei. Paulus kommt es so vor: Jetzt sind sie plötzlich eifrig in der Christusverkündigung, nur um zu zeigen: Wir brauchen dich dazu nicht. Wir können das auch ohne dich! Diese persönliche Unfreundlichkeit, mit der sie auf ihn Druck machen, kommt aus dem Neid. Es ist ein Kampf um Ansehen und Geltung. Doch fügt Paulus an, daß es auch die andern gibt, die in einer freundlichen Gesinnung ihm gegenüber ihr Christuszeugnis weitergeben. Und dann relativiert er das ganze Problem: Was soll's? Wenn nur - ob mit Neid vermischt oder nicht - Christus verkündigt wird. Wie illusionslos Paulus von der Kirche redet! Und wie wegweisend seine Haltung für Konflikte in der Kirche ist! Die Freude darüber, daß das Evangelium unter die Menschen kommt, überwiegt die Eifersucht und den Kampf um Prestigefragen.

Der Einblick in die persönliche Lage des Paulus zeigt, daß sie sogar unter seinen Glaubensgenossen schwierig ist; ganz zu schweigen davon, daß der Prozeß seinen Tod bedeuten kann. So wird es von vielen erlebt, daß eine Lebensbedrohung sich mit Schwierigkeiten in der Beziehung zu den Mitmenschen verbindet. Paulus zieht aber daraus nicht den Schluß, daß er genug hat. Für ihn wird es gut herauskommen. Er kann keine Pläne machen. Er hat sein Leben nicht in der Hand. Er steht in der Hoffnung und muß harren. Er befindet sich also in der Situation, die nach dem Sprichwort zum Narren machen kann. Man mag von ihm denken, er sei ein Narr. Er vertraut auf das Gebet seiner Glaubensgeschwister und auf den Beistand des Geistes Jesu, daß er nicht zuschanden wird. Das Leben in diesem Leibe mit Bedrängnis und Schmerzen muß durch alles hindurch Christus groß werden lassen - sei es durch Leben oder durch Tod. Beides ist möglich. Soll beides gleichwertig sein? Sag an, Paulus, kommt es nicht darauf an, ob du lebst oder stirbst? Für mich, sagt Paulus, ist das Leben Christus. Es kann jetzt gar nicht mehr das Leben aus diesem Horizont der leiblichen Existenz oder (wie es Paulus hier auch nennt) vom Leben im Fleisch her beurteilt werden. *Ich lebe, aber nicht mehr ich, sondern Christus lebt in mir.* Auch in diesem gegenwärtigen Leben ist Christus groß. Das ist das Leben, das er meint. Er hat es sich nicht gewählt und gemacht. Es ist an ihm geschehen. Paulus erkennt den inneren Menschen, der nicht ihm selber gehört. Er ist untrennbar mit Jesus verbunden. Es ist eine neue Schöpfung geschehen. Es ist das Leben, über das ich nicht verfügen kann; denn es ist mit Christus verborgen in Gott.

Das Sterben ist Gewinn

Dazu gehört, daß das Sterben Gewinn ist. Sagt das ein lebensmüder Mensch, der hier in seiner Existenz nichts mehr zu verlieren hat? Streckt er sich aus nach einem besseren Jenseits? Er umschreibt das Sterben als ein Aufbrechen, um mit Christus zu sein. Worin liegt der Gewinn? Will er sagen: der Verlust des zeitlichen Lebens bedeutet für mich den Gewinn des ewigen Lebens? Paulus meint aber offenbar, daß er *im Sterben selber* gewinnt, nämlich sein Leben, das Christus selber schon ist. Einen Zuwachs an Leben. Der Gewinn besteht darin, daß er dann *auch in seinem Tod* ganz mit Christus ist. Er bekommt am Sterben Christi Anteil. Er hat mit dem gekreuzigten Christus Gemeinschaft. Im Kolosserbrief wird es später heißen: *Ich fülle auf, was an den Trübsalen Christi noch fehlt.* Das Leiden und Sterben des Apostels ist wie die Fortsetzung des von Jesus gemachten Anfangs. So nah gehört sein Leiden und Sterben dazu und eine so große Würde bekommt es. Das ist der Gewinn.

Wir haben wohl große Mühe, diese Worte des Paulus zu verstehen. Sie entziehen Leben und Sterben dem eigenen Zugriff und widersprechen dem Geist unserer Zeit, der behauptet, wir Menschen seien frei gegenüber uns selber, auch frei gegenüber dem Tod. Nach dem Wort des Paulus gehört das Sterben ganz in dieses Geschehen, daß Christus groß wird. Darum scheidet die Möglichkeit aus, den Tod als ein Mittel einzusetzen, um ein Ziel zu erreichen. Und wenn das Ziel die Verkürzung von Leiden wäre. Das Leben einzusetzen und dabei zu verlieren (wie das der Zürcher Feuerwehrmann getan hat) ist etwas anderes, als den Tod einzusetzen.

Die höhere Notwendigkeit

Paulus weiß nicht, was er wählen soll: Er hat das Verlangen, aufzubrechen und bei Christus zu sein, und sieht doch die Aufgabe, zu bleiben *um euretwillen.* Wir wundern uns über dieses Wort von der Wahl zwischen Aufbruch und Bleiben. Der Apostel spielt nicht mit dem Gedanken, sich das Leben zu nehmen. Er befindet sich wohl in einer Zerrissenheit. Vor der *Wahl* zwischen Sterben und Weiterleben steht er aber *nicht.* Er muß und kann diese Frage nicht entscheiden. In der Krise einer schweren Krankheit kann es den Wendepunkt geben zwischen der Bereitschaft zum Sterben oder zum Weiterleben. Aber es findet kein prüfendes Abwägen statt und niemand steht darüber.

Paulus sagt genau, worauf es ankommt: daß er nämlich erkennt, was nötiger ist. Er muß bleiben, weil ihn seine Nächsten noch brauchen. Er sieht sich unter einer höheren Notwendigkeit. Nicht er hat sie bestimmt. In dem, was nötiger ist *um euretwillen* ist noch einmal Christus auf dem Plan, der das Leben dieses bedrängten Christenmenschen durchdringt und ihm seine Aufgabe gibt. Jetzt zeigt sich, daß Christus groß wird, daß die Liebe groß wird, daß das Reich Gottes groß wird in dem, was nötiger ist und wozu du gebraucht wirst. Die höhere Notwendigkeit beseitigt nicht, was das Leben schwer macht. Aber sie führt dazu, daß bei den andern und auch bei dir selber die Glaubensfreude wachsen wird.

WIR HABEN EIN WORT DES HERRN

1. Thessalonicher 4, 13-18

Wir wollen euch aber nicht in Unkenntnis lassen, Brüder, über die Entschlafenen, damit ihr nicht traurig seid wie die übrigen, die keine Hoffnung haben. Wenn wir nämlich glauben, daß Jesus gestorben und auferstanden ist, dann wird Gott auch die Entschlafenen durch Jesus so mit ihm heraufführen. Dies sagen wir euch nun in einem Wort des Herrn: Wir, die wir leben, die wir bis zur Ankunft des Herrn am Leben bleiben, werden den Entschlafenen nichts voraushaben. Denn der Herr selbst wird unter einem Befehlswort, unter der Stimme des Erzengels und unter der Posaune Gottes vom Himmel herabsteigen. Und die, die in Christus gestorben sind, werden zuerst auferstehen. Danach werden wir, die Lebenden, die Übrigbleibenden, zugleich mit ihnen hinweggerissen und auf Wolken emporgetragen werden in die Luft zur Begegnung mit dem Herrn. Und so werden wir allezeit mit dem Herrn zusammensein. So tröstet also einander mit diesen Worten.

Das wollen wir jetzt tun: einander trösten. Es ist die Aufgabe der Predigt am letzten Sonntag des Kirchenjahres, daß sie die Aufforderung des Paulus aufnimmt und diejenigen tröstet, die im vergangenen Jahr einen Menschen verloren haben, der jetzt fehlt und den nichts ersetzen kann. Die Worte, die wir gehört haben, enthalten allerdings Vorstellungen, die so fremd und erklärungsbedürftig sind, daß sie für uns keinen tröstlichen Klang haben. Aber plötzlich ist ein besonderer Ton herauszuhören: Ich sage euch ein Wort des Herrn. Das ist ein Trost, das heißt es gibt uns etwas, wozu wir Vertrauen haben, und macht uns fest und zuversichtlich. Unser Wort Trost ist verwandt mit dem Trauen und der Treue und es scheint sich aus dem Wortstamm des Baumes (deru, drui) entwickelt zu haben. Fest wie ein gewaltiger, tief verwurzelter Baum ist das, was tröstet. Und das haben wir. Wir haben ein Wort des Herrn! Wir Christen gehen nicht unbedingt besser mit dem Sterben um. Wir lösen nicht das Rätsel des Todes. Wir sind dem Schock seines plötzlichen Einbrechens ausgesetzt wie andere auch. Der Tod schreckt auch uns. Viele unserer Entschlafenen haben zwar ein hohes Alter erreicht und wollten längst sterben. Die Vergänglichkeit macht uns aber nicht weniger zu schaffen. Und dennoch: Wir haben ein Wort des Herrn! Ein Wort, das von Jesus herkommt und besondere Kraft hat. Und um dieses Wortes willen müssen wir nicht traurig sein wie die andern, die keine Hoffnung haben.

Zusammengebrochene Hoffnung

Die christliche Gemeinde in Thessalonike, die von Paulus gegründet worden war, ist durch einen oder mehrere Todesfälle erschüttert worden. Das ist Paulus zu Ohren gekommen und er gibt Antwort. Die Thessalonicher haben nicht den Trennungschmerz beklagt. Sie sind in Unruhe und Traurigkeit um ihre Entschlafenen. Sie lebten in der brennenden Erwartung der Wiederkunft Jesu. Sie haben damit gerechnet, daß sie das Kommen des Herrn bald alle gemeinsam erleben würden. Jetzt ist in ihre Gemeinschaft als ganze eine Lücke gerissen und sie sind angeschlagen.

Wir können uns das Lebensgefühl dieser ersten Christen kaum vorstellen, weil wir im natürlichen Ablauf der Generationen stehen, im Kommen und Gehen. Gerade in der Kirche wurde die Erwartung der nahen Vollendung durch eine allgemeinere, unbestimmtere religiöse Sicht abgelöst. Dem irdisch bedrängten Leben wird ein paradiesisches entgegengesetzt, auf das wir mit Geduld zu warten haben. Die Welt dauert unbegrenzt weiter. Die Menschen kommen als einzelne durch den Tod ins Jenseits. So etwa denken viele von uns.

Die Thessalonicher aber haben einen brennenden, gegenwärtigen Glauben, der den Situationen viel näher kommt, die typisch sind für einen diesseitigen Optimismus; also für die unerschütterliche Überzeugung, das gesteckte Ziel zu erreichen. Wie z.B. im Film "Lions for Lambs", wo ein amerikanischer Militärhelikopter, der im afghanischen Gebirge eine Gruppe für die Errichtung eines Stützpunktes absetzen sollte, angeschossen wird. Zwei Soldaten fallen heraus. Sie können nicht mehr geborgen werden. Jetzt ist die anfängliche Entschlossenheit und Siegesgewißheit der ganzen Gruppe erschüttert. Oder ich vergleiche die Gemeinde erster Christen mit einer Gemeinschaft junger Menschen einer neuen Generation, die mit großen Ideen aufgebrochen sind, um ihren Traum zu verwirklichen, voll Hoffnung auf eine bessere Zukunft. Sie packen die Dinge mit Enthusiasmus, vielleicht mit revolutionärer Begeisterung an und wollen die Welt zum Guten verändern. Sie sind Menschen, die das Leben vor sich haben. Selbstsicher, ihnen könne nichts Böses zustoßen. Voll Freude an der Gegenwart und in einer Gewißheit der Zukunft, als ob es keine Vergänglichkeit gebe. Jetzt trifft sie der Schock eines frühen, schrecklichen Todesgeschicks. Damit hat niemand gerechnet. Bei dem hoffnungsvollen Anfang fehlen nun einige. Sie sind ausgeschlossen vom Aufbruch in das neue Leben. Damit ist plötzlich eine ganze Welt eingestürzt.

So ist es der christlichen Gemeinde der Thessalonicher ergangen. Sie hatten von Paulus gehört, daß die Leiblichkeit zum Heil dazugehört. Wenn Jesus bis in den Kreuzestod und seine Auferstehung ein Mensch war wie wir, dann ist der Glaube an ihn nicht nur etwas Spirituelles. Unsere leibliche Existenz kann von der geistigen nicht abgelöst und als unwichtig auf die Seite gestellt werden. Sie wird nicht als separater Bereich sich selber überlassen. Der ganze Mensch lebte in der Hoffnung auf die baldige Begegnung mit Christus. Das hatte ihnen etwas Unangreifbares gegeben. Nun aber hat der Tod ihnen die Möglichkeit genommen, sich diese leibliche Existenz über die Lebensgrenze hinaus auch nur vorzustellen. Wo sind jetzt die Entschlafenen? Sind sie nicht herausgefallen aus der großen Hoffnung? Die Thessalonicher sind in eine tiefe Trauer geraten, in die auch *unsere* christliche Existenz gezogen werden kann.

Nichts voraushaben

Paulus beginnt nun über die Entschlafenen zu reden. An der vorsichtig tastenden Art, wie er spricht, merken wir, daß auch für ihn diese Trauer der Thessalonicher eine Herausforderung bedeutet. Zuerst erinnert er an das Bekenntnis, das auch ihren Glauben zum Ausdruck bringt: Wir glauben, daß Jesus gestorben und auferstanden ist. Wenn sie als Glaubende mit Christus sterben, d.h. in der Gemeinschaft mit ihm im Tod verbunden sind, dann werden sie von Gott auch an seiner Auferstehung teilbekommen.

Doch dieses Bekenntnis, das den Trauernden bekannt ist, vermag offenbar noch nicht, sie wirklich zu trösten. Darum fügt Paulus noch etwas an. Er bekräftigt noch in einer anderern Weise, was für die Entschlafenen und für unsere Beziehung zu ihnen gilt. Ich sage es euch *in einem Wort des Herrn.* Es gibt wenige Stellen in den Briefen des Paulus, wo er sich so auf ein Herrenwort, also ein Wort Jesu bezieht. Wir müssen uns klar machen, daß der erste Thessalonicherbrief die älteste Schrift des Neuen Testamentes ist. Als Paulus diesen Brief schrieb, lag das Markusevangelium, das erste der vier, noch nicht vor. Es gab aber eine mündliche Überlieferung von Jesus. Paulus schöpft aus ihr, ohne daß wir wissen, wieviel Jesusworte und Jesusgeschichten Paulus kannte.

Wie lautet das Wort des Herrn, mit dem wir einander trösten können? Es ist in dem enthalten, was Paulus jetzt zuerst sagt: *Wir, die wir leben, die wir bis zur Ankunft des Herrn am Leben bleiben, werden den Entschlafenen nichts voraushaben.* Die Vorstellung, *wie* die Ankunft des wiederkommenden Christus sein wird, gehört nicht zum besonderen Gehalt dieses Jesuswortes, wohl aber zur jüdischen Tradition, in der schon Jesus stand und in der Paulus mit Selbstverständlichkeit denkt und spricht. Ich reibe mich darum nicht an der zeitgebundenen Vorstellung einer dreistöckigen Welt. Ich verstehe dieses alte Weltbild ohne Mühe, auch wenn es nicht mehr das meine ist. In sich geschlossen macht alles seinen guten Sinn: Oben ist Gottes Bereich, der Himmel. Unten die Erde und unter der Erde der Bereich der Toten. Wolken sind gleichsam das Transportmittel von oben nach unten und von unten nach oben. Der Herr steigt herab. Die Menschen aber, die zu ihm gehören, werden ihm entgegengehoben auf Wolken. Sie holen ihn ab in der Luft (heißt es wörtlich) also in der Höhe, wenn er kommt, um das Gottesreich zu errichten. Das alles braucht Paulus, um ausdrücken zu können, was die Hoffnung für die Entschlafenen ist. Doch für die Menschen unter dem Schock, daß Lebende und Tote auseinandergerissen sind, besteht das Trostwort zuerst in dem einen Wort des Herrn, daß die Lebenden gegenüber den Toten nichts voraushaben.

Das ist ein unerhörtes Wort! Weil es nicht das Leben entwertet, wie wir aus dem Zusammenhang sehen. Es enthält keinerlei Klage über ein Jammertal der irdischen Existenz. Aber es widerspricht allem, was das Volk Israel zusammen mit den andern Völkern des alten Orients als Weisheit erkannt hatte. Das Alte Testament gibt in verschiedener Weise davon Zeugnis. Im Buche Kohälat, dem Prediger Salomo heißt es: *Ein lebender Hund ist besser als ein toter Löwe* (Pr 9, 4; in Israel galt ein Hund sehr wenig und ein Löwe sehr viel!). Oder: *Die Toten wissen gar nichts* (Pr 9, 5). Der Psalmist fragt: *Wirst du an den Toten Wunder tun?* (Ps 88, 11). Lapidar sagt der Beter des 115. Psalms: *Die Toten preisen den Herrn nicht* (V.17). Hiob ruft in seiner Klage nach dem Eingreifen Gottes. Es eilt. Wenn der Tod kommt, kann auch Gott nichts mehr machen, weil er ja selber diese Lebensgrenze gesetzt hat: *Jetzt lege ich mich in den Dreck. Und suchst du mich, so bin ich weg* (7, 21). Das ist die Stimme der Weisheit, die in der Bedrängnis gleichsam Argumente sammelt, um Gott zum hilfreichen Eingreifen zu bewegen. Das Wort des Herrn hebt die Selbstverständlichkeit und Evidenz dieses Erfahrungsschatzes aus den Angeln.

Das Herrenwort widerspricht auch dem, was wir den Kindern geantwortet haben, wenn wir sie mit an ein Grab nehmen mußten und sie gefragt haben: Wo ist jetzt der Großvater? Und wir haben etwa gesagt, daß wir den Leib in die Erde legen, die Seele aber gehe in den Himmel. Das Wort, das uns nun gegeben ist, relativiert den Unterschied zwischen Leben und Tod. Nicht im Sinne, als ob es auf das Leben nicht ankäme. Doch Leben und Tod treten beide in die Beziehung, in die Relation zu Christus.

Zur Begegnung mit dem Herrn

Die Art und Weise, wie das Kommen des Herrn unter den ersten Christen beschrieben wird, ist für uns eine vergangene Perspektive. Aber wir vermögen die Mitte des ganzen Geschehens unabhängig von bildhaften Vorstellungen festzuhalten: Lebende und Tote werden in Gleichzeitigkeit *zur Begegnung mit dem Herrn* geführt. Das ist die zentrale Aussage, die Paulus aus dem Herrenwort folgert. Leben und Tod sind beide nur noch aus dieser Begegnung heraus richtig zu verstehen.

Mit der Konzentration auf diese Begegnung umfängt das heutige Bibelwort die Trauer. Das Schmerzliche an der Erfahrung des Todes liegt darin, daß uns ein Mensch genommen worden ist, dem wir nahe begegnet sind. Die dauernde oder regelmäßige Begegnung mit ihm war ein Stück unseres eigenen Lebens. Jetzt fehlt uns diese Begegnung und alles, was sie uns gegeben hat. Die Auferstehung und die Begegnung mit Christus entreißt unsere verlorenen menschlichen Begegnungen der Vernichtung und dem Vergessen und zieht sie hinein in das Ziel, das Paulus uns nun am Ende zeigt: *So werden wir allezeit mit dem Herrn zusammen sein.* Dahin zielt alles, was Paulus an traditionellen Bildern aufnimmt, um überhaupt vom Kommen des Herrn reden zu können. Es ist alles aus der Beziehung zu Gott und dem Auferstandenen gesagt, weil Paulus vom Glauben her denkt, an den er die Thessalonicher erinnert hat. In Christus ist der Unterschied zwischen den noch Lebenden und den Toten aufgehoben. Daß Paulus sie die Entschlafenen nennt, ist nicht originell. Es ist eine verbreitete antike Redeweise, daß der Tod des Schlafes Bruder ist. Hier allerdings kommt dieses euphemistische Wort zu seiner Wahrheit. Der Herr ist den Entschlafenen nicht ferner und seine Beziehung zu ihnen ist nicht geschwächt, so wie die Mutter ihrem schlafenden Kind nicht weniger verbunden ist, als wenn es wach ist.

Ja, Jesus und die Entschlafenen - sie gehören zusammen. Darum umgeben uns hier im Münster die Bischöfe und Ritter und Königin Anna mit ihrem Kind, stellvertretend für die vielen Menschen des Gottesvolkes früherer Zeiten, die uns im Tod vorausgegangen sind.

Wir werden allezeit mit dem Herrn zusammensein. Das feiern wir hier. Das ist die Hoffnung, die wir haben. Und Hoffnung heißt eine verbürgte Gewißheit für die Zukunft. Ich habe mit meinen Worten versucht, die des Paulus zu entfalten, damit wir einander damit trösten.

AUF HOFFNUNG HIN GERETTET

Römer 8, 18-25

Denn ich urteile: Nicht gleiches Gewicht haben die Leiden der gegenwärtigen Zeit gegenüber der bevorstehenden Herrlichkeit, die an uns offenbart werden soll. Denn das sehnsüchtige Harren der Schöpfung wartet auf die Offenbarung der Kinder Gottes. Denn der Nichtigkeit ist die Schöpfung unterworfen worden, nicht aus eigenem Willen, sondern durch den, der sie unterworfen hat - auf Hoffnung hin. Denn auch sie, die Schöpfung, wird befreit werden von der Knechtschaft des Verderbens hinein in die Freiheit der Herrlichkeit der Kinder Gottes. Denn wir wissen: Die ganze Schöpfung stöhnt und liegt insgesamt in den Wehen bis jetzt. Doch nicht nur sie, auch wir selbst, die den Geist als Anfangsgabe haben, auch wir selbst untereinander stöhnen in Erwartung der Kindschaft, der Erlösung unseres Leibes. Auf Hoffnung hin nämlich sind wir errettet worden. Eine Hoffnung aber, die man sehen kann, ist keine Hoffnung; denn, was einer sehen kann, was sollte er darauf hoffen? Wenn wir aber auf das, was wir nicht sehen, hoffen, so warten wir darauf mit Geduld.

Auf verschiedene Weise haben wir mit Paulus über die christliche Existenz nachgedacht. Im Advent sollen zwei entscheidende Dimensionen hervortreten: die Hoffnung und die Freude. Heute geht es um die Hoffnung. Christsein heißt gerettet sein - aber auf Hoffnung hin. Wir haben unsere Erlösung erst in der Hoffnung und sehen ihren Glanz und ihre Herrlichkeit noch nicht. Die Botschaft dieses zweiten Sonntags der Adventszeit ist die christliche Hoffnung. Der Glaube blickt nicht nur darauf zurück, daß uns Jesus als der Heiland geboren und zu uns gekommen ist, sondern er ist auch Hoffnung. Glaubend hoffen wir auf das Unvorstellbare, daß Christus in Herrlichkeit wiederkommen wird. Die Hoffnung wartet auf die zweite Ankunft, den zweiten Advent.

Das Harren der Schöpfung

Jetzt aber ist noch die Zeit der Leiden. Paulus setzt es ohne eine Erklärung voraus. Das hat nichts mit Pessimismus zu tun und enthält schon gar nicht eine Drohung. Wer das Glück hat, nicht leiden zu müssen, wird sich daran freuen und dennoch ohne weiteres verstehen, was Paulus sagt. Der Apostel tröstet diejenigen von uns, die eine

Last tragen müssen, die sie fast erdrückt, und sagt: Gegenüber dem, was Gott an uns offenbar machen wird, fallen diese Leiden nicht ins Gewicht.

Wenn ich diese Behauptung nur im Blick auf mich selber bedenke, werde ich hier in schweren Zweifeln stecken bleiben. Hoffnung besteht auch nicht nur darin, daß ich selber kein hoffnungsloser Fall bin. So direkt wir auch als Einzelne in unsern Leiden angesprochen sind, so unmittelbar zeigt sich auch, daß die Hoffnung nicht nur eine für mich ist. Die ganze Schöpfung wartet sehnsüchtig auf unsere Erlösung. Sie ist der Nichtigkeit unterworfen und befindet sich in die Verderbnis versklavt, - wie die Menschen, muß man ergänzen. Aber bei unserer Unfreiheit ist der Wille mit im Spiel. Alles andere aber, was mit uns auch Geschöpf Gottes ist, ist nicht aus eigenem Willen hineingezogen. Gott hat alles Geschaffene jetzt mit eingeschlossen in das Geschick des Menschen, der erlöst werden muß.

Paulus breitet diesen unglaublichen Gedanken vor uns aus und faßt ihn dann nochmals zusammen: *Denn wir wissen: Die ganze Schöpfung stöhnt und liegt insgesamt in Wehen bis jetzt.* Wir wissen! Es ist ein prophetisches Wissen, ein Glaubenswissen, von dem Paulus in der Sprache seiner jüdischen Tradition spricht. Wir verwechseln es nicht mit dem, was wir über die Natur wissen. Doch von dem, was Paulus prophetisch weiß, fällt ein Licht auf das, was die Menschen über das Haus ihrer Erde wissen und worüber sie sich Sorgen machen. Durch das Wort des Paulus wird hörbar, wie unser Planet unter der Erwärmung seufzt. Plötzlich vernehmen wir das Stöhnen der Regenwälder und des wegschmelzenden Eises.

Naturbetrachtung für sich kann nicht von Nichtigkeit und Versklavung reden. An und für sich und naturwissenschaftlich betrachtet ist alles, was auf Erden geschieht, weder gut noch böse. Es ist vielleicht für den Menschen günstig oder katastrophal. Die Natur für sich ist so oder anders. Und sie befindet sich in ständiger Veränderung. Der Gletscher geht bis ins Tal oder er zieht sich zurück. Der Meeresspiegel sinkt oder steigt. Paulus aber weiß von Gott her, daß das Geschaffene insgesamt mit dem Geschick von uns Menschen zu tun hat. Der Knechtschaft des Menschen entspricht die Knechtschaft des Verderbens und der Vergänglichkeit in der ganzen Schöpfung. Es herrscht offensichtlich eine Schicksalsgemeinschaft.

In der Sprache der jüdischen Apokalyptik, die wir aus den Reden Jesu über die Endzeit kennen, sagt Paulus: Die Schöpfung liegt in den Wehen. Jetzt ist sie voll Angst. Aber wie die Frau, die gebiert, die Hoffnung auf ein gesundes Kind hat, so hat auch die Schöpfung die Hoffnung auf die Freiheit. Gott hat diese Hoffnung in sie hineingelegt. Die Schöpfung wartet darauf, daß *wir* frei werden. Denn solange der Mensch nicht frei geworden ist, wird es auch die Schöpfung nicht sein. Von Christus her wagt Paulus dieses ungeheure Wort, daß das ganze Geschaffene auf die Hoffnung hin ausgerichtet ist.

Auch wir selbst

Doch es ist gerade der Mensch, der sich im Widerspruch dazu befindet. Ein Blick auf das Treiben der Menschen schlägt der Hoffnung ins Gesicht. Ich lese in der Zeitung: Eltern ließen ihr fünfjähriges Kind verhungern. Ein Vater warf ein Kleinkind aus dem Fenster. Wir vernehmen so etwas nicht mit moralischer Entrüstung. Denn was muß vorausgegangen sein, daß es mit einem Menschen so weit kommt? Wozu ist das Geschöpf Mensch fähig, das sich so sehr seiner Humanität rühmt? *Der Storch am Himmel kennt seine Zeiten* - heißt es im Propheten Jeremia - *die Schwalbe hält die Zeit ihrer Heimkehr ein; aber mein Volk will nichts wissen von der Ordnung des Herrn* (8, 7). Der Mensch begibt sich selbst in die Knechtschaft. Das ist der Schock. Wir selbst. Wir leiden und *machen* uns selber und andere leiden.

Wer sind wir? Paulus spricht uns darauf an, daß wir Kinder Gottes sind. Ihr seid doch getauft! Ihr habt doch den Heiligen Geist Gottes empfangen! Wir hören den Paulus so von uns Christenmenschen reden und denken: Ja, das sagt er so. Aber von diesem Heiligen Geist habe ich bei mir noch nie etwas gespürt. Doch indem ich diesen Einwand mache, höre ich den Paulus sagen, daß der Geist eine Anfangsgabe ist. Wie eine kleine Anzahlung auf einen sehr großen Betrag, der jetzt noch nicht flüssig ist und bezahlt werden kann. Der Geist, den die Christen haben, erzeugt nicht grenzenlosen Enthusiasmus. Er läßt uns nicht über dem Boden schweben. Er ist erst ein Anfang. Der Geist ist vielleicht überhaupt nur als Seufzer zu spüren. Er stöhnt in uns. Doch nicht über die Leiden. Der Geist ist kein Klageweib. Er stöhnt nach der Freiheit, die schon geschenkt, aber in dieser unserer irdischen Existenz noch nicht realisiert ist.

Christsein heißt also darauf zu warten, daß die Gotteskindschaft offenbar wird. Im neutestamentlichen Wort für dieses Warten steckt die Bedeutung, etwas zu empfangen, was mir gegeben wird, aber noch nicht jetzt, sondern, wenn ich bis zum Ende ausgehalten habe. So wartet jetzt ein Kind auf ein sehnlich erwünschtes Geschenk, das es erst an Weihnachten bekommen soll. Es muß die Zeit aushalten.

Paulus betont, daß die Schöpfung auf unsere endgültige Befreiung wartet und wir selber nicht weniger in dieser Erwartung stöhnen. Er hat mit dieser Darstellung der großen Sehnsucht, die durch alles hindurchgeht, unterstrichen, daß etwas viel Größeres kommen wird, das die jetzigen Bedrängnisse vergessen läßt. Aber hat er damit nicht alles in Frage gestellt, was Christus gebracht hat? Muß man sich wundern, daß der Glaube an Jesus als den Christus, den Retter der Menschen, unter uns verloren geht?

Jetzt greift Paulus das Wort von der Hoffnung wieder auf, das er im Zusammenhang mit der Schöpfung schon gebraucht hat. Auf Hoffung hin sind wir gerettet. *Wir sind wohl selig* - so übersetzt Luther -, *doch in der Hoffnung*. Wir haben die Seligkeit erst im Stand der Hoffnung.

Was ist Hoffnung?

Was ist Hoffnung? Besteht sie in etwas anderem als der Sehnsucht und dem Seufzen? Die Hoffnung, von der Paulus spricht, ist keine Vision, geschweige denn ein Programm. Paulus hält die Hoffnung und das Sehen auseinander. Das Erhoffte ist noch nicht etwas Geschautes. Die Hoffnung hält mich noch zurück in der Distanz zum Ziel, das ich nicht sehen kann. Aber weil die Hoffnung sich an Jesus hält, darum kann sie sich gar nicht von der Vorstellung der Begegnung mit ihm lösen. Hoffnung ist das Warten auf die Begegnung, die glückt und Erfüllung bringt. In unserm deutschen Wort "Warten" schwingt etwas davon mit. Es ist abgeleitet von der Warte, dem Ort des Ausschaus. Es heißt also, daß wir Ausschau halten, ob jemand kommt. Ich glaube, daß die Hoffnung sich immer Gleichnisse sucht dort, wo wir in Liebe aufeinander warten.

Papst Benedikt betont in seiner zweiten Enzyklika über die christliche Hoffnung eine Stelle aus dem Brief an die Epheser, wo der Apostel sie daran erinnert, wie sie vor ihrer Begegnung mit Christus *ohne Hoffnung und ohne Gott in der Welt waren* (Eph

2, 12). Er fragt, worin die Hoffnung besteht und antwortet: "Gott kennenlernen - den wahren Gott, das bedeutet Hoffnung empfangen". Und dann erzählt er als Beispiel einer solchen Hoffnung schenkenden Gottesbegegnung von Giuseppina Bakhita aus Darfur im Sudan:

> Mit neun Jahren wurde sie von Sklavenhändlern entführt ... und fünfmal auf den Sklavenmärkten des Sudan verkauft. Zuletzt war sie als Sklavin der Mutter und der Gattin eines Generals in Diensten und wurde dabei täglich bis aufs Blut gegeißelt, wovon ihr lebenslang 144 Narben verblieben. 1882 wurde sie ... für den italienischen Konsul ... gekauft, der sie nach Italien brachte. Hier lernte Bakhita schließlich nach so schrecklichen "Patronen", denen sie bisher unterstanden war, einen ganz anderen "Patron" kennen – "Paron" nannte sie in dem venezianischen Dialekt, den sie nun lernte, den lebendigen Gott, den Gott Jesu Christi. Bisher hatte sie nur Patrone gekannt, die sie verachteten und mißhandelten oder bestenfalls als nützliche Sklavin betrachteten. Aber nun hörte sie, daß es einen "Paron" über allen Patronen gibt, den Herrn aller Herren und daß dieser Herr gut ist, die Güte selbst. Sie erfuhr, daß dieser Herr auch sie kennt, auch sie geschaffen hat – ja, daß er sie liebt. ... Sie war gekannt und geliebt und wurde erwartet. Ja, dieser Patron hatte selbst das Schicksal des Geschlagenwerdens auf sich genommen ... Nun hatte sie "Hoffnung" – nicht mehr bloß die kleine Hoffnung, weniger grausame Herren zu finden, sondern die große Hoffnung: Ich bin definitiv geliebt, und was immer mir geschieht – ich werde von dieser Liebe erwartet. Und so ist mein Leben gut. Durch diese Hoffnungserkenntnis war sie "erlöst", nun keine Sklavin mehr, sondern freies Kind Gottes. ... So weigerte sie sich, als man sie wieder in den Sudan zurückbringen wollte; sie war nicht bereit, sich von ihrem "Patron" noch einmal trennen zu lassen.
>
> (Spe salvi facti sumus, Enzyklika Benedikts XVI, Internetseite, Libreria Editrice Vaticana, Rom 2007)

Warten mit Geduld

Die Hoffnung verändert das schmerzliche Warten. Sie ist die Kraft, welche das Sichängsten und die Wehen verwandeln kann. Das schmerzliche Warten in der *Sklaverei des Verderbens* - wie Paulus sagt - wird zu einem Warten mit Geduld. Weil in Christus die Gotteskindschaft als unsere Zukunft gewiß ist, können wir in dieser Hoffnung auch eine belastete Gegenwart aushalten und bestehen.

Wenn es nicht zum Aushalten ist, scheint sich heute allerdings das Davonlaufen als der nächstliegende Ausweg anzubieten. Irgendwie hängt der Anspruch, die Zukunft zu planen und über sie zu verfügen, damit zusammen, daß an die Stelle der Hoffnung eine Auswahl von Angeboten tritt. Statt der Geduld immer neue Versuche.

Die Geduld bedeutet hier bei Paulus wörtlich das Darunterbleiben und Ausharren. Hat man nicht die sozial Schwachen mit der Tugend der Geduld unterdrückt? Ist Ungeduld nicht geradezu die Voraussetzung dafür, vorwärts zu kommen? Das Lob des Wartens mit Geduld enthält nicht die Anweisung, jede Zumutung widerspruchslos zu schlucken. Das Warten mit Geduld wird uns nicht befohlen. Wir hören aber daß uns die Hoffnung geschenkt ist, die geduldig warten *kann*. Es wird sich lohnen, in unseren Beziehungen, in unseren Ansprüchen an einander und in den Forderungen an das Leben überhaupt der Kraft der in Christus geschenkten Hoffnung wieder etwas zuzutrauen.

FREUET EUCH!

Philipper 4, 4-7

Freuet euch in dem Herrn allezeit! Und noch einmal sage ich: Freuet euch! Laßt eure Güte allen Menschen kund sein. Der Herr ist nahe. Sorget nichts! Sondern in allen Dingen lasset eure Bitten durch das Gebet und das Flehen mit Danksagung vor Gott kund werden. Und der Friede Gottes, der alles Verstehen übersteigt, wird eure Herzen und Gedanken bewachen in Christus Jesus.

Wenn ein Christenmensch ein hoffender Mensch ist, wie wir am zweiten Advent aus dem Römerbrief des Paulus gehört haben, dann ist er auch ein sich freuender Mensch. Er freut sich auf den nahen Herrn. Das ist der Inhalt seiner Hoffnung. Der Herr ist nahe. Die Zeit ist schon zusammengedrängt und verkürzt. Denn der Herr setzt ihr das Ziel und bringt sie an ihr Ende. *Wir* leben noch ganz *in* dieser Zeit. Keinen Augenblick, und wäre es der froheste, schönste und glücklichste, sind wir zeitlos außerhalb ihrer. Aber diese unsere Zeit ist nun schon bestimmt von der Nähe des Herrn. Diese Nähe und die Freude gehören zusammen, wie denn jede echte Freude ein Erlebnis der Nähe ist. Nach der Hoffnung ist also das andere adventliche Wort des Paulus die Freude.

Wir denken ihm nach: Die Freude im Herrn. Und dann, wie sie sich in der Milde äußert. Zuletzt, wie sie die Sorgen mit Dank in Bitten an Gott verwandelt.

Freude im Herrn

Die Freude, von der Paulus redet, setzt allem, was in unserer Welt der Hoffnung widerspricht und sie in uns zerstören will, ein trotziges Dennoch entgegen. Ein hoffender Mensch ist noch nicht unbedingt ein freudiger. Er sieht ja noch lauter Ungefreutes. Wenn er das Erhoffte schon sähe, müßte er nicht mehr darauf hoffen. Das Dennoch der Freude nimmt der Hoffnung die Müdigkeit und das Zögerliche, das in unserm "hoffentlich" und "Man kann nur hoffen" drinsteckt. Es macht, daß ich mich auf das Erhoffte freue.

Freuet euch! sagt Paulus den Philippern und uns. Das ist sprachlich ein Imperativ, die Form des Befehls. Kann man Freude befehlen? Wenn wir an freudige Gefühle und Stimmungen denken, ist das unmöglich. Man kann sie allenfalls hervorlocken, aber niemandem aufzwingen. Dennoch bekommen wir hier ein Gebot zu hören. Und wie es zum Wesen des Gebotes gehört, bedarf es der Wiederholung: *Und noch einmal sage ich: Freuet euch!* Wir hören es im Zusammenhang der andern biblischen Gebote, mit denen es im Innersten verbunden ist. *Du sollst Gott lieben von ganzem Herzen, von ganzer Seele und mit aller deiner Kraft. Du sollst deinen Nächsten lieben wie dich selbst.* (Dt 6 und Lev 19, cf. Mk 12, 29ff.) Die Freude gehört zur Liebe wie zum Glauben und zur Hoffnung. In diesem Sinn ist die Freude biblisch ein Gebot Gottes. Und wie die Zehn Gebote aus dem Zuspruch kommen: Ich bin der Herr, dein Gott, der dich befreit hat, - so kommt das Gebot der Freude aus der Begründung: Der Herr ist nahe. Die Nähe Gottes in Jesus Christus ist der Grund der Freude. In der Nähe des Herrn ist es geboten, sich zu freuen. Darum heißt es freuet euch *im Herrn.* Nur im Herrn kann es ein Gebot sein. "Du sollst dich freuen!" So für sich isoliert, vom Herrn losgelöst könnte das keine sinnvolle Sache sein.

Auch sonst in unserm Leben hat die Regung der Freude etwas mit Nähe zu tun. Ich freue mich auf etwas Schönes, das nicht mehr allzu fern ist. Die Vorfreude lebt von der Nähe. Die Nähe hat nicht nur eine zeitliche Seite, sondern auch eine der Beziehung. Ich sehe einen Menschen, der mir nahe ist und den ich gern habe, und freue mich. Wenn mir nahe Menschen fehlen, dann fehlt es mir auch an der Freude. Diese Erfahrungen tragen dazu bei, daß das Wort des Paulus einleuchtet und also das Gebot der Freude etwas Mitreißendes bekommt.

Unser deutsches Wort Freude entspricht dem genau. Freude und freuen kommt von froh. Und dieses Wort ist ursprünglich in seiner Bedeutung mit schnell und eilig verbunden Es ist die Bewegung des Springens und Hüpfens. Der schnelle Lauf der Hirten nach Bethlehem wäre nach unserer Sprache die Freude. Wie es in Bachs Weihnachtsoratorium in überaus schnellen Läufen gesungen wird: "Frohe Hirten eilt, ach eilet, eilt das holde Kind zu sehn."

Der Ausdruck der Freude in der Lindigkeit

Das Gebot der Freude hat bei Paulus nun freilich eine Fortsetzung, die wir nicht außer Acht lassen dürfen: *Laßt eure Güte allen Menschen kund sein.* Das ist überraschend. Wir würden als Fortsetzung erwarten: Freut euch und zeigt diese eure Freude den andern Menschen. Das sagt Paulus aber nicht. Wir werden vor dem Mißverständnis bewahrt, christliche Freude bestehe darin, daß wir mit einem aufgesetzten Lächeln durchs Leben gehen. Paulus fährt nicht weiter: Keep smiling! Wie man es von kirchlicher Werbung kennt. Da müssen die Christen immer lachen, auch wenn es ihnen nicht darum ist. Oder dann bekommen sie ein schlechtes Gewissen für ihr von Konzentration und Anstrengung des Lebens zerknittertes Gesicht. Die Fortsetzung des Gebots der Freude bewahrt vor aufgesetzer Fröhlichkeit.

Laßt eure Güte allen Menschen kund sein. Das Wort, das Paulus braucht, bedeutet die Milde und Nachsicht, das angemessene Verhalten, das moderate Wesen. Luther hat es mit dem schönen Ausdruck der Lindigkeit wiedergegeben und erklärt: "Vor Gott seid fröhlich, aber vor den Leuten seid gelinde" (EA 7,118). Ja, lasset eure Lindigkeit kund sein allen Menschen. Karl Barth hat dazu gesagt: "Christen sind Menschen, die ... linde, mürbe gemacht 'windelweich' geschlagen sind, im Gegensatz zu den Unbegnadigten, die sich immer noch steif und borstig machen können." (Erklärung des Philipperbriefes, S. 122).

Es kommt also nicht zu der Verkrampfung, daß ein trauriger, verletzter und leidender Mensch dazu gezwungen wird, Freude zu heucheln. Freude im Herrn ist etwas Innerliches. Nach außen tritt sie nach dem Wort des Apostels nicht unbedingt in überbordender Fröhlichkeit. Das subjektive Lebensgefühl und die nach außen dringende Stimmung kann eine andere sein. Da sind die Bedrängnisse ablesbar. Der Druck macht uns linde. Und dieses Weichgemachtsein darf nach außen treten. Es soll als Milde leuchten. Wir brauchen vielleicht heute oft dafür das Wort Toleranz. Menschen die tragen gelernt haben, bringen den andern Tragfähigkeit, Toleranz entgegen. Die innere Freude im Herrn hat eine mäßigende Folge im Verhalten zu den Mitmenschen. Das ist die Haltung, die der christlichen Freude entspricht. Denn die Nähe des Herrn relativiert unser Leben. Da werden die Dinge, die uns aufregen und belasten, in ein anderes Licht gerückt. Die Zeit ist kurz. Christus bringt sie an ihr Ziel und Ende. Darum ist auch die Milde geboten.

Die Verwandlung der Sorge mit Dank

Wie sich die Freude in der angemessenen Haltung gegenüber den andern ausdrückt, so verwandeln sich im Gebet mit Dank die Sorgen in vor Gott gebrachte Anliegen.

Das Gebot der Freude hat eine weitere Fortsetzung, bei der uns Jesu Worte aus der Bergpredigt in den Sinn kommen: *Sorget nichts!* Laßt es nicht dazu kommen, daß ihr vom Druck, unter dem ihr steht, in Sorgen über alles und jedes getrieben werdet. *Sondern in allen Dingen lasset eure Bitten durch das Gebet und das Flehen mit Danksagung vor Gott kund werden.* Der Druck macht euch einerseits mild und andererseits läßt er euch in allen Dingen - da sind alle unsere Sorgen umfaßt - Bitten vor Gott bringen. Und zwar mit dem Dank dafür, daß der Herr nahe ist. Die Sorge hat sich also mit Dank in eine Bitte für ein konkretes Anliegen verwandelt.

Wenn ich mit all diesen Dingen allein bin, bleiben es drückende Sorgen. Es ist unsere normale Reaktion, daß wir der Sorge mit unserer Vorsorge begegnen. Bis zu einem gewissen Grad gelingt diese Verwandlung. Aber wir werden nie für alle Dinge vorsorgen können. Nach neuen Umfragen ist die Sorge, die in unserer Bevölkerung an erster Stelle steht, der Verlust der Arbeitsstelle. Diese Angst geht heute um in einem Sozialstaat und mitten in wirtschaftlicher Prosperität, wie sie sich ein Paulus in der damaligen Mangelwirtschaft nicht hätte vorstellen können. Was er den Philippern im Namen des nahen Herrn gebietet, hat heute umso mehr seine Gültigkeit.

Sorget nicht um euer Leben, hat Jesus gesagt, sondern suchet Gottes Reich und seine Gerechtigkeit. Paulus übernimmt diese Bewegung. Das Suchen von Gottes Reich bekommt bei ihm die konkrete Gestalt des Gebetes, in welchem mit Dank alles, was uns bewegt, zum Anliegen wird.

Zum Schluß fügt Paulus einen Segensspruch an. *Und der Friede Gottes, der alles Verstehen übersteigt, wird eure Herzen und Gedanken bewachen in Christus Jesus.* So legt er den Frieden Gottes auf uns. Das heißt: Er spricht uns zu, daß der nahe Herr unser Friede ist. Es übersteigt unser Verstehen, daß in diesem einen Menschen Jesus, der ans Kreuz gebracht wurde, der Friede Gottes ein Mensch geworden sein soll. Paulus weiß, wie unsere Vernunft sich daran reiben wird. Doch sein Segenswort übersteigt jetzt auch dieses Nichtverstehen. Der nahe Herr bewacht mit seinem Frieden eure Herzen und Gedanken; daß euer Herz von den Gedanken der Sorge nicht doch zuletzt übermannt wird. Er bewahrt euer Herz davor, sich selber und andere mit gespielten Gefühlen zu betrügen.

Dieser Friede bewacht dein Innerstes, daß die Freude im Herrn bleibt und da ihren Ursprung behält. Er bewacht und behütet dein Herz, daß es Jesus umfaßt und nicht wieder verliert. Er bewahrt dein Denken davor, von seinen Zweifeln beherrscht zu werden. Ohne den Frieden Christi müßten der Zorn oder Gefühle der Ohnmacht überhand nehmen. Aus dem Herzen kämen vielleicht sogar Bitterkeit oder Gleichgültigkeit. Der Friede aber eilt dem nahen Herrn, auf den sich die Seele freut, wie ein beschützender Engel voraus, damit es ihr gelinge, daß die andern Menschen an ihr die Lindigkeit und Güte wahrnehmen.

WEIHNACHTSKINDER

Galater 4, 1-7

Ich sage aber: Solange der Erbe unmündig ist, unterscheidet er sich in nichts von einem Sklaven, obwohl er Herr ist über alles. Er steht vielmehr unter Vormündern und Hausverwaltern bis zu der vom Vater bestimmten Frist. So waren auch wir, als wir unmündig waren, unter die Grundgewalten der Welt versklavt. Als aber die Fülle der Zeit gekommen war, sandte Gott seinen Sohn: geboren aus einer Frau, geboren unter das Gesetz, um die unter dem Gesetz freizukaufen, damit wir die Kindschaft empfingen. Weil ihr aber Kinder seid, sandte Gott den Geist seines Sohnes in unsere Herzen, der schreit: Abba, lieber Vater! Also bist du nicht mehr Sklave, sondern Kind. Wenn aber Kind, dann auch Erbe - durch Gott.

Nie bin ich mir der Zeit mehr bewußt als an Weihnachten. Ich habe Weihnachtsbriefe geschrieben, und es kam mir vor, als ob es erst gestern gewesen wäre, daß ich's das letzte Mal tat. Das Weihnachtsfest läßt die Erinnerungen der Kindheit hervortreten wie sonst kein anderer Augenblick. Zur Gegenwart der Weihnacht gehört diese Vergangenheit; und damit verbunden mindestens eine Ahnung davon, was die Erfüllung der Zeit bedeutet, von der Paulus im Galaterbrief spricht. Es ist bald ein Vierteljahrhundert, daß ich diesen Text hier schon einmal ausgelegt habe. Bin ich seither weiter gekommen und freier geworden oder ist nur einfach viel Zeit vergangen, und ich bin jetzt älter? Ja, wir sind Sklaven der Zeit und oft genug des Zeitgeistes. Aber in dieser Gebundenheit hören wir die freimachende Botschaft von der Erfüllung der Zeit, da Gott seinen Sohn sandte, um uns durch ihn als seine Kinder anzunehmen.

Zeit des Gesetzes - Gesetz der Zeit

Die Weihnacht ist in unserer Tradition stark familiär und häuslich bestimmt. Darum empfinden wir die Lücken im Kreis der Nächsten an diesem Fest so schmerzlich. Und viele leiden an Weihnachten mehr als sonst unter der Friedlosigkeit der Welt. Doch die kosmische Dimension des Geschehens haben wir verloren. Paulus spricht von den Grundgewalten der Welt und von der Fülle der Zeit. Das sind Worte, die einen weiten Horizont aufreißen. Wir können sie uns nicht bildhaft vorstellen wie den Stall von Bethlehem und die Hirten auf dem Felde. Aber wir feiern die Weihnacht nur richtig, wenn wir erkennen: Unter die Elementarmächte der Welt waren wir versklavt.

Dieser Satz ist insofern nicht unverständlich, als wir uns schon ohnmächtig und ausgeliefert vorgekommen sind. Paulus verbindet damit einen genaueren Gedanken. Die Versklavung an die Grundgewalten der Welt ist eine Folge der Sünde. Durch den Abfall von Gott und also durch den Verlust der selbstverständlichen Geborgenheit in der Hand des Schöpfers gerät der Mensch in die Abhängigkeit von Gewalten, die ihn bedrängen und zerstören. Es können die Gewalten der Natur sein, die nun anonym und ziellos zuschlagen. Es ist das rätselhafte Böse, der Krieg. Es kann der Mammon sein, die Macht des Geldes; die Krankheit, schließlich der Tod. Die Zeit selber ist eine solche Elementargewalt der Welt, insofern sie an allem nagt und es in die Vergänglichkeit einschließt. Die Zeit könnte ein weiter, schöner Raum sein. Wir erträumen es uns so, und Augenblicke lang haben wir dieses Zeitgefühl. Aber dann erfahren wir die Zeit wieder als die unbarmherzige Mühle, die uns das Leben zu Staub zerreibt.

Paulus verbindet diese Versklavung des Menschen mit dem Bild der Unmündigkeit, wie es in seiner Zeit war (Wie wir es uns kaum mehr vorstellen können, weil eben die uns geschenkte Gotteskindschaft längst praktische zwischenmenschliche Folgen gehabt hat): Die Kinder des Hauses unterschieden sich in ihrer rechtlichen Stellung noch nicht von den Sklaven. Sie standen unter der Aufsicht unzimperlicher, oft grober Erzieher. So wacht über den Menschen das Gesetz. Gerade das Volk Israel, das doch von Gott zur Kindschaft erwählt ist, steht unter der Tora, die sagt, was du tun und lassen sollst. Das Gesetz ist heilig und gut. Aber es sagt mir schonungslos, was ich getan habe. Es sagt: Du hast dich vergangen. Und die Konsequenz davon ist: Du mußt vergehen. Das ist der Zusammenhang zwischen der Unfreiheit des Menschen unter den Mächten und dem Gesetz, den Paulus aufdeckt. Nicht das Gesetz als solches *macht* uns unfrei. Aber es kann nichts anderes leisten, als uns ständig das Urteil zu sprechen, daß wir unfrei *sind.*

Fülle der Zeit - Fülle der Gnade

Doch es kam die Fülle der Zeit. Ihr Maß war voll. Paulus redet von der Zeit der Unfreiheit. Ich höre aus diesem Wort von der Fülle der Zeit aber auch, daß die Zeit als Grundgewalt dieser Welt sich in dem Augenblick verdichtet, da sich die Geburt Jesu ereignet. Der 102. Psalm bittet darum (V.14): *Du wirst dich erheben, dich Zions er-*

barmen, es ist Zeit, sie zu begnaden, die Stunde ist da. Die Fülle der Zeit ist die Stunde der Gnade. Gott ließ es genug sein und sandte seinen Sohn.

Das ist der zentrale Satz der Weihnachtsbotschaft. Paulus teilt ihn mit dem Johannesevangelium, wo es heißt, daß Gott die Welt so, auf diese Weise liebte, daß er seinen einziggeborenen Sohn gab. Und mit dem 1. Johannesbrief (4, 9), wo wir lesen: *Darin ist die Liebe Gottes zu uns offenbar geworden, daß Gott seinen einzigen Sohn in die Welt gesandt hat, damit wir durch ihn leben.*

Das Geschehen, das in der Zeit stattfindet, ist Teil dieser Zeit. Die Evangelisten und auch Paulus reden davon nur in der Vergangenheit. Als die Zeit erfüllt war, sandte Gott seinen Sohn. Es ist kein naturhaft verstandenes, sich wiederholendes Geschehen wie das Stirb und Werde, das wir in der Schöpfung beobachten. Nicht scheinbar zeitlos, wie wir "alle Jahre wieder" dem Fest das liebgewordene immer gleiche Gepräge geben. Jesus wird nicht in unserm Weihnachtfeiern von neuem geboren. Die Geburt Jesu, die den neuen, befreiten Menschen hervorbringt, geschah in der Zeit und ist insofern menschlich beurteilt ein vergangenes Geschehen. Christus ist zur Welt gekommen in der Zeit, um uns das ewige Leben zu bringen.

Freie Gotteskinder

Jesus ist aus dem Schoß der Frau und unter das Gesetz geboren. Das bedeutet, daß er uns gleich geworden ist. Wir dürfen der Geburt Jesu weder diese Gleichheit noch die Einmaligkeit in der Zeit nehmen. Sonst zerstören wir das, was Jesu Geburt uns gebracht hat: daß wir von der Verurteilung des Gesetzes freigemacht und Gotteskinder wurden. Was heißt das? Gott geht in die Enge eines geschichtlichen Augenblickes ein und wird ein verletzliches Menschenkind. Wenn er uns gleich geworden ist, so werden wir jetzt ihm gleich. Wir werden Kinder des Vaters im Himmel, wie er es ist. Jesus zeigt uns das Antlitz des Menschen, der zu sein uns jetzt offen steht.

Paulus spricht seiner Zeit gemäß nur von den Söhnen. Durch den Sohn werden wir Söhne Gottes. Statt die Töchter zu ergänzen, bleibe ich lieber bei Luther, der uns in seiner Übersetzung als Gottes Kinder zusammenschließt.

Daß viele von uns als Kinder das Geheimnis der Weihnacht verstanden, es später aber wieder verloren haben, hängt vielleicht mit der Gotteskindschaft zusammen.

Zum Erwachsenwerden gehört dazu, sich nicht nur als Sohn oder Tochter der Eltern zu definieren. Man muß der Haltung des bittenden Kindes entwachsen. Die Gotteskindschaft aber hat in unserm Leben ihre konkrete Gestalt in dem Schrei: Abba, Vater du! Also in dem Gebet, das Gott so distanzlos und unvermittelt nahetreten darf wie ein Kind seinem Papa. Abba ist das Lallwort eines kleinen Kindes, das vertrauenvoll von seinen Eltern abhängig ist und gerade in dieser seiner kindlichen Abhängigkeit ein freier Mensch sein darf. Die Freiheit, von der Paulus spricht, ist Freiheit von der Knechtschaft der Sünde. Und sie ist Freiheit zu diesem Vertrauen, das Jesus selber mit dem Wort *Abba* zum Ausdruck gebracht hat. Es ist der Name dafür, daß es eine Beziehung der Liebe ist, die Gott in Jesus den Menschen schenkt.

Der gesandte Sohn und der gesandte Geist

Ich habe versucht, das Gebet als das zu verstehen, worin die Gotteskindschaft bei uns zum Ausdruck kommt. Nun gibt es freilich nicht wenige Menschen, welche das Gebet des Gotteskindes nicht über die Lippen bringen. Das eigene Vaterbild steht im Wege. Sie können aus eigenen inneren Gründen nicht Abba sagen. Das gilt freilich auch im positiven Sinn. Niemand kann aus eigener Kraft feststellen, daß er ein Gotteskind ist und aus dem eigenen Vertrauen heraus Gott so unmittelbar kindlich nahen. Das Abba ist kein eigener Annäherungsversuch an das Göttliche. Paulus sieht auch darin Gott selber am Werk: *Weil ihr aber Kinder seid, sandte Gott den Geist seines Sohnes in unsere Herzen.* Er ist es, der in uns betet: Abba, lieber Vater! Der Sendung des Sohnes entspricht die Sendung seines Geistes. Paulus denkt an die Taufe und vergewissert uns: Weil Gott seinen Sohn sandte, sind wir alle seine Kinder. Darauf hin sind wir getauft worden. Und weil wir seine Kinder sind, hat Gott uns den Geist Christi gesandt. So vollendet sich das Wunder der Weihnacht.

Und so wird das Ereignis der Geburt Jesu in uns verinnerlicht. Viele sind von der mystischen Sprache eines Angelus Silesius oder eines Gerhard Tersteegen angesprochen, die in sehr schönen Gedichten davon reden, Christus müsse in dir und mir geboren werden. Das ist ein ansprechender Gedanke. Es kann sogar etwas Berauschendes haben, wenn sich die Grenzen von Zeit und Ewigkeit, des Göttlichen und des Menschlichen verwischen. Aber es ist ein Gedanke oder ein Gefühl, dessen Wahrheit durch das Wort des Galaterbriefs in Frage gestellt wird. Martin Luther richtet im Weihnachtslied, das er für seine Kinder gedichtet hat, bescheidener und biblischer ein Gebet an Jesus: "Ach mein herzliebes Jesulein,/ mach dir ein rein sanft Bettelein,/ zu ruhen in meins Herzens Schrein,/ daß ich nimmer vergesse dein." (RG 394, 13). Das ist nicht weniger poetisch, aber zugleich besonnen nüchtern gesprochen. Das Geschehen der Geburt Jesu war einmalig und wiederholt sich nicht und kann darum von uns Menschen schlicht auch vergessen werden. (Ich hätte mir dies als Kind nicht vorstellen können, aber heute weiß ich, daß wohl der größte Teil der Bevölkerung den Gehalt der Weihnacht verloren hat.) Die Sendung des Sohnes wiederholt sich nicht in einer Geburt. Aber die Folge der Geburt Jesu ist die Sendung des Geistes. Er kommt in unsere Herzen. Nicht das Jesuskind wird *in mir wiedergeboren*, sondern ich selber werde durch seine Geburt zum Gotteskind. *Ich* werde *wiedergeboren* und darf die Gabe des Geistes empfangen.

UND TATEN IHRE SCHÄTZE AUF
2. Korinther 4, 3-10

Und wenn auch unser Evangelium verhüllt ist, so ist es doch nur bei den Verlorenen verhüllt, bei denen der Gott dieses Aions die Gedanken der Ungläubigen geblendet hat, daß sie das Leuchten des Evangeliums von der Herrlichkeit Christi, der das Abbild Gottes ist, nicht sehen. Denn nicht uns selbst verkündigen wir, sondern Christus Jesus als Herrn, wir selbst sind (dabei) eure Knechte um Jesu willen. Denn Gott ist es, der gesagt hat, aus der Finsternis soll Licht leuchten, der es hat Licht werden lassen in unseren Herzen, damit wir (durch die Verkündigung) zum Leuchten bringen die Erkenntnis der Herrlichkeit Gottes auf dem Angesicht Christi.
Wir haben aber diesen Schatz in tönernen Gefäßen, damit (sich erweist, daß) die Überfülle der Kraft von Gott ist und nicht aus uns. In allem sind wir bedrängt, aber nicht erdrückt, ratlos, aber nicht verzweifelt, verfolgt, aber nicht verlassen, niedergeworfen, aber nicht zunichte geworden. Alle Zeit tragen wir das Sterben Jesu am Leibe, damit auch das Leben Jesu an unserem Leibe offenbar werde.

Die Weisen taten ihre Schätze auf und schenkten dem Kind Gold, Weihrauch und Myrrhe. Wie müssen die Gaben sonderbar geglänzt und geduftet haben inmitten der bescheidenen Behausung, über welcher der Stern stillstand. Die Schätze verrieten gewiß etwas von der Würde und dem Ansehen der geheimnisvollen Gestalten. Viel mehr aber brachten sie zum Leuchten, was die Weisen in dem Kindlein gefunden hatten. Das Gold zeigte: Jesus ist der königliche Mensch, aus dem der Glanz des ewigen Gottes strahlt. Der Weihrauch zeigte: Jesus ist der wahre Priester, der sich selber zum Sühnopfer gibt, damit nach ihm niemand mehr für einen höheren Zweck aufgeopfert werde. Die Myrrhe zeigte: Jesus ist es, der uns heil macht von allem Schaden.

Im Text aus dem zweiten Korintherbrief ist auch von einem Schatz die Rede. Wie die Schätze der Weisen so bringt Paulus durch die Verkündigung des Evangeliums in den Korinthern und in uns etwas zum Leuchten. Er redet zuerst von dem, was ihm selber widerfahren ist und vergleicht es mit der Schöpfung. So wie am Anfang Gott sagte: Es werde Licht! so hat er es im Apostel durch die Offenbarung Christi Licht werden lassen. Und das geschah, damit er es zum Leuchten bringe in uns.

Das apostolische Wir

Paulus spricht von "unserem Evangelium" und fährt dann weiter in der Mehrzahl zu reden. Er handelt von seiner Aufgabe als Apostel und redet nicht von allen Christen und schon gar nicht von allen Menschen. Aber sein apostolisches Wir hebt ihn nicht nur über uns hinaus. Hätte es einen Sinn, wenn nicht sein Beispiel eine Fortsetzung fände in denen, die Jesus als den Christus erkennen? Die glauben, daß in Jesu unscheinbarer menschlicher Erscheinung die Herrlichkeit Gottes zum Vorschein kommt? Wenn Paulus die einbezieht, in denen diese Erkenntis zum Leuchten gebracht worden ist, dann gilt alles, was er von sich sagt, indirekt auch für alle Glaubenden. So geht sein Wir auch uns etwas an. Zuerst: Wir haben diesen Schatz. Dann: In tönernen Gefäßen. Schließlich: Der Schatz bleibt nicht verborgen.

Wir haben den Schatz

Es ist noch einmal ein neue Seite unserer christlichen Existenz, sie als das Haben eines Schatzes zu verstehen. Wir haben das, was durch Jesus in den Herzen seiner Jünger und Apostel aufgeleuchtet ist und was sie bis hin zu uns zum Leuchten gebracht haben, als etwas sehr Kostbares kennen gelernt. Das entspricht freilich nicht dem, was wir unter einem Schatz verstehen. Mit dem Wort Schatz verbinden wir die Vorstellung, daß er irgendwo in Sicherheit gebracht worden ist. Er wurde aus Angst vor Raub vergraben wie der Schatz im Acker nach dem Gleichnis Jesu. Die Schätze des Goldes und der Edelsteine liegen noch verborgen in der Erde oder in den Tresoren ihrer Besitzer. Die Schätze dieser Welt werden gehortet. Und wer da hat, dem wird gegeben. Das ist das Gesetz dieser Welt. Die Reichen werden immer noch reicher.

Der Schatz, von dem Paulus spricht, ist auch etwas Dynamisches. Aber in anderer Weise. Er entspricht dem Geheimnis der Schöpfung, in der das Licht in die Dunkelheit bricht und einen Anfang macht, aus dem sich eine ganze Welt entwickelt. Es entsteht etwas Neues. Ein neues Geschöpf. Nicht von ungefähr berührt sich die Rede von diesem Schatz, der eine Bewegung in Gang setzt, mit dem Gleichnis Jesu von den Talenten, die der außer Landes gehende Herr seinen Knechten anvertraut. Und nun sollten sie etwas damit machen und nicht ängstlich ihr Talent irgendwo vergraben.

Vielleicht sind wir Christen darum oft so armselig dran, weil wir den Schatz als ein Depositum betrachten, als ein Guthaben, ein Konto von Werten, über die wir verfügen, die wir brauchen, aber ebenso gut auch unangetastet liegen lassen können. Der Schatz des Evangeliums aber ist eine Bewegung, der wir uns nicht verschließen dürfen, sondern deren Teil wir werden und die wir weitergeben sollen. Paul Gerhard hat über der Geschichte von den Weisen und ihren Schätzen gedichtet: "Ich komme, bring und schenke dir, was du mir hast gegeben" (RG 402, 1). Dieses Kommen, Bringen und Schenken, was Gott gegeben hat, das alles zusammen macht auch bei Paulus den Schatz aus.

Eine alte und uns sehr liebe Tradition hat den Glanz des Schatzes auf den zurückstrahlen lassen, der ihn mit sich bringt. So haben die Künstler die Köpfe der Apostel auf kreisförmigen Goldgrund gemalt. Und aus den Magiern des Morgenlandes sind Könige geworden. Sie wurden oft äußerst prächtig geschmückt. Vielleicht kennt ihr die florentinischen Bilder eines Benozzo Gozzoli oder eines Gentile da Fabriano, auf denen die Könige in Samt und Brokat gekleidet sind und noch das Zaumzeug ihrer Pferde und Kamele von Gold glänzt. Unser Kryptabild ist daneben vergleichsweise bescheiden. Aber auch hier haben sie große, goldschwere Kronen.

In tönernen Gefäßen

Doch wir, sagt Paulus, haben diesen Schatz in tönernen Gefäßen. Es ist damit nicht gemeint, daß uns das Königliche abhanden gekommen ist und wir gleichsam demokratisiert nur noch einen billigeren Auftritt haben. Das tönerne Gefäß sind wir - und wenn wir in Brokat gekleidet wären - wir selbst. Der schwache, vergängliche Körper, ohne den wir unsere menschliche Existenz nicht haben können, ist das zerbrechliche Gefäß, in dem wir den Schatz nun durch dieses Leben zu transportieren haben. Wie der Schatz ist aber auch das Gefäß dynamisch, in seiner Bewegung und Geschichte zu verstehen. Ich darf nicht am statischen Bild des Menschen hängen bleiben. Das ist das Problematische an der festen Form der erhabenen Könige oder - wenn es denn das Gegenbild wäre - des unveränderbar typischen Armen. Paulus kann ich mir weder sehr prächtig noch sehr armselig vorstellen. Aber ich höre, wie turbulent und gefahrvoll er seine Existenz erlebt hat: *In allem sind wir bedrängt, aber nicht erdrückt, ratlos, aber nicht verzweifelt, verfolgt, aber nicht verlassen, niedergeworfen, aber nicht zunichte geworden.* Das tönerne Gefäß liegt in diesen Bedrängnissen offen am Tage. Daß es den Schatz birgt, zeigt sich darin, daß die Bedrängten trotz allem nicht zugrunde gehen.

Letzte Woche war der Lebensbericht eines Berliner Sozialisten zu hören, der von 1933 an von den Nazis und, als er vor ihnen floh, von den Kommunisten in Rußland und in der DDR verfolgt wurde. Er hat die ganze Grausamkeit der beiden totalitären Herrschaftssysteme am eigenen Leibe kennengelernt und ist doch darin nicht umgekommen. Das Erstaunliche ist, daß der jetzt 95-jährige sagt, er habe keinen Haß empfunden, sondern an das Gute geglaubt. (DRS 2, Kontext 3.1.2008). Er ist kaum ein christlich Glaubender. Aber ist er nicht doch einer, dem auf seine Weise Erkenntnis von der Herrlichkeit Gottes auf dem Angesicht des gekreuzigten Christus geschenkt wurde: Die Erkenntnis, wer der Mensch in Wahrheit sein dürfte? Wir können niemandem, der nicht an Gott glaubt, die Gotteserkenntis aufzwingen. Aber uns als Glaubenden erweist sich, daß *die Überfülle der Kraft von Gott ist und nicht aus uns.*

Die Zerbrechlichkeit des Gefäßes zeigt aber nicht nur, daß der Schatz von Gott stammt. Sie bekommt in sich eine Aufgabe und ein Ziel: *Alle Zeit tragen wir das Sterben Jesu am Leibe, damit auch das Leben Jesu an unserem Leibe offenbar werde.* Paulus verknüpft also die Schwäche seiner Existenz mit der Kraft des neuen Lebens des Auferstandenen. Dieses Leben aus Gott offenbart sich in der Geschichte und im Weg eines vergänglichen Menschen.

Der Schatz bleibt nicht verborgen

Vielleicht verstehen wir jetzt, was Paulus am Anfang des Abschnitts sagt: Das Evangelium sei verhüllt, aber nur für die Verlorenen. Ihm wurde offenbar seine kümmerliche Existenz vorgeworfen. Er zeigte nichts von der Ausstrahlung des neuen, erlösten Menschen. An ihm war nicht zu spüren, was er doch von sich behauptete, daß Christus in ihm lebe. Vom Licht, das Gott in seinem Herzen hatte aufleuchten lassen, war nichts zu sehen.

Paulus stellt das alles nicht in Abrede. Aber daß die Wahrheit seiner Botschaft durch das tönerne Gefäß seiner Existenz verhüllt sei, das ist eine Behauptung des Unglaubens. Diesen Unglauben kann Paulus nicht nur aus dem Gesckick und den Eigenheiten der Menschen erklären, wie wir es wohl tun. Es ist eine Macht anderer Größenordnung, die dahinter steht. Der Gott dieses Aions, dieser Weltzeit, eine verführerische Gegenmacht, hat die Ungläubigen geblendet, so daß sie das Leuchten des Evangeliums nicht sehen. Sie erkennen nicht, daß die Herrlichkeit Gottes auf dem Gesicht des gekreuzigten Jesus aufleuchtet. Paulus verkündigt ja nicht sich selbst, sondern

Christus. Er streift hier nur ganz schnell und ohne sich darauf einzulassen die unheimliche Macht des Bösen. Er spricht also auf seine Weise auch von dem, was in Herodes verkörpert ist. Doch macht er es nicht an einzelnen Menschen fest. Dies wäre nur eine Verharmlosung des Bösen. Alle Menschen müssen sich dem Licht öffnen und der Finsternis verschließen. Das ist eine Herausforderung, die an niemandem vorbeigeht. Indem Paulus vom verblendenden Gott dieses Aions redet, vermeidet er die Verteufelung derer, die nicht glauben.

Dem Apostel und uns, zu denen er spricht, soll also die Brüchigkeit des Gefäßes angesehen werden. Seine Zerbrechlichkeit macht offenbar, daß das Evangelium in uns nicht verhüllt wird. Das brüchige Gefäß mit seinen Rissen und Sprüngen und Löchern läßt das Evangelium noch aus dem Dunkel unseres Inneren hervorleuchten. Das Gold blinkt hindurch, der Weihrauch dringt durch die Ritzen und die Myrrhe fließt heraus. So daß die Menschen es schmecken und sehen, wie freundlich der Herr ist. So sind die Christenmenschen nicht hermetisch verschlossen. Soll jemand sagen, wir seien nicht ganz dicht. Er hat nicht unrecht. Wir sind es - Gott sei Dank - nicht.

Das ist der große Trost. Gerade dann, wenn wir Christen in unserer irdischen Existenz in Frage gestellt sind durch Krankheiten, Schwächen und Kümmernisse, dann zeigt sich die Kraft Gottes. Und wenn uns die Ausstrahlung genommen ist und wir abgelöscht erscheinen, dann leuchtet hervor, was wir im Glauben erkannt haben. Wenn wir das Sterben Jesu an unserm Leibe tragen - auf unserem Weg durch die uns gegebene Zeit -, dann wird auch das Leben Jesu an uns offenbar.

Printed by Books on Demand GmbH, Norderstedt / Germany